प्लॅस्टिक प्रोसेसिंग ऑपरेटर PPO हिंन्दी MCQ

मनोज डोळे

डिजिटाइजेशन समय की मांग है। भविष्य में, प्रशिक्षण को अधिक सुविधाजनक और आसान बनाने के लिए ऑनलाइन इंटरनेट का उपयोग करके औद्योगिक प्रशिक्षण संस्थानों में प्रशिक्षण आयोजित करने की आवश्यकता होगी। एमसीक्यू प्रश्नों के एक सेट वाली ई-पुस्तकें प्रशिक्षुओं को उपलब्ध कराई जाएंगी क्योंकि उन्हें अपने औद्योगिक प्रशिक्षण संस्थानों में होने वाली ऑनलाइन परीक्षाओं की तैयारी के लिए बहुविकल्पीय प्रश्नों एमसीक्यू के अधिक आदी होने की आवश्यकता है।

इन सब बातों को ध्यान में रखते हुए औद्योगिक प्रशिक्षण संस्थान सतारा के प्रशिक्षक श्री मनोज मधुकर डोले ने नई वार्षिक प्रणाली और एनएसक्यूएफ-5 पाठ्यक्रम के अनुसार पुस्तकें लिखी हैं। और उन्होंने प्रशिक्षण को आसान बनाने के लिए सैद्धांतिक मोबाइल ऐप और ब्लॉग बनाए हैं, और इन सभी शैक्षिक सामग्री को विश्व प्रसिद्ध वेबसाइटों Google Play Store, Amazon और Apple Book Store पर डाउनलोड के लिए उपलब्ध कराया है।

पुस्तकों का प्रकाशन माननीय सहसंचालक श्री राजेंद्र घुमे साहेब प्रादेशिक व्यावसायिक शिक्षण व प्रशिक्षण कार्यालय, पुणे द्वारा दिनांक 9/1/2019 को किया गया, इस समय श्री प्रकाश सहगवकर साहब प्राचार्य शासकीय औद्योगिक प्रशिक्षण संस्थान औंध पुणे, श्री तुकाराम मिसाल साहेब प्राचार्य सरकार प्र. संस्था सतारा, श्री सचिन धूमल साहब जिला व्यावसायिक शिक्षा एवं प्रशिक्षण अधिकारी सतारा, श्री यतिन परगांवकर साहब प्राचार्य शासन. Q. संस्था कोल्हापुर, श्री विकास टेक साहब इंस्पेक्टर वोकेशनल एजुकेशन एंड ट्रेनिंग रीजनल ऑफिस पुणे, पालेकर फूड्स प्रोडक्ट्स प्रा. लि. सतारा के उद्यमी अध्यक्ष श्री नीलकंठराव पालेकर साहब, हीरा फूड्स के अध्यक्ष श्री इब्राहिम बाबा तंबोली साहब, श्रीमती शाल्मली पवार मुख्याध्यापिका शासकीय तकनीकी विद्यालय केंद्र सतारा सहित अन्य गणमान्य व्यक्ति इस अवसर पर उपस्थित थे।

क्रम-सूची

प्रस्तावना

प्लॅस्टिक प्रोसेसिंग ऑपरेटर PPO हिन्दी MCQ आईटीआई और इंजीनियरिंग कोर्स प्लास्टिक प्रोसेसिंग ऑपरेटर के लिए एक सरल ई-बुक है। इसमें रेखांकित और बोल्ड सही उत्तरों के साथ NSQF संशोधित पाठ्यक्रम वस्तुनिष्ठ प्रश्न शामिल हैं MCQ सुरक्षा और पर्यावरण, अग्निशामक यंत्रों का उपयोग, व्यापार उपकरण और इसके मानकीकरण, बुनियादी फिटिंग से परिचित, बिजली की बुनियादी, प्लास्टिक की पहचान, इंजेक्शन मोल्डिंग सहित सभी विषयों को कवर करता है। और संपीड़न मोल्डिंग, हाइड्रोलिक सर्किट, ब्लो मोल्डिंग, एक्सट्रूज़न और थर्मोफॉर्मिंग, घूर्णी मोल्डिंग प्रक्रिया, वायवीय सर्किट, प्लास्टिक और प्रीड्रिंग प्रक्रिया, और बहुत कुछ।

हम प्रत्येक नए संस्करण के साथ नए प्रश्न उत्तर जोड़ते हैं। किसी भी त्रुटि/चूक के मामले में कृपया हमें ईमेल करें। यह यकीनन सभी इंजीनियरिंग बहुविकल्पीय प्रश्नों और उत्तरों के लिए सबसे बड़ी और सर्वश्रेष्ठ ई-बुक है।

एक छात्र के रूप में आप इसे अपनी परीक्षा की तैयारी के लिए उपयोग कर सकते हैं। यह ई-पुस्तक प्रोफेसरों के लिए सामग्री को ताज़ा करने के लिए भी उपयोगी है।

भूमिका

डीजीईटी नई दिल्ली और सीएसटीएआरआई कोलकाता अगस्त 2018 सत्र से आईटीआई में सभी व्यवसायों के लिए एक वार्षिक पैटर्न लागू कर रहे हैं। परीक्षा प्रणाली में भी बदलाव किया जाएगा और यह इस साल से ऑनलाइन हो जाएगी और चूंकि सभी प्रश्न वस्तुनिष्ठ प्रकार (एमसीक्यू) के हैं, इसलिए प्रशिक्षुओं को गहन अध्ययन की सख्त जरूरत है। इसे ध्यान में रखते हुए हमें पुराने NIMI पैटर्न पर आधारित पुस्तकें और नए वार्षिक पैटर्न का संपूर्ण अवलोकन प्रस्तुत करते हुए प्रसन्नता हो रही है, और हम आशा करते हैं कि ये पुस्तकें सभी व्यावसायिक निदेशकों और प्रशिक्षुओं के लिए एक मार्गदर्शक होंगी। है।

इन पुस्तकों को लिखने के लिए आईटीआई अकलुज के प्राचार्य जोहर अवाटे साहब ने कहा। आईटीआई सतारा सहगवकर साहब के पूर्व प्राचार्य, सहायक निदेशक श्री चंद्रकांत ढेकने साहेब क्षेत्रीय व्यावसायिक शिक्षा एवं प्रशिक्षण कार्यालय, पुणे, जिला व्यावसायिक शिक्षा एवं प्रशिक्षण अधिकारी सचिन धूमल साहेब एवं प्रधानाध्यापक शासकीय तकनीकी विद्यालय केन्द्र शाल्मली पवार मैडम एवं पुत्र अधिराज डोले, माता कुसुम डोले , मैं अपने पिता मधुकर डोले और पत्नी अश्विनी डोले को समय-समय पर उनके विशेष मार्गदर्शन और सहयोग के लिए बहुत आभारी हूं।

साथ ही, बहुत ही कम समय में श्री राजेन्द्र घुमे साहेब, संयुक्त निदेशक, व्यावसायिक शिक्षा और प्रशिक्षण क्षेत्रीय कार्यालय, पुणे द्वारा पुस्तक के प्रकाशन में उनके अमूल्य समय के लिए पुस्तक की समीक्षा की गई। मैं उनकी प्रतिक्रिया के लिए हृदय से आभारी हूँ।

पुस्तक लिखने की शुरुआत से ही निरंतर समर्थन के लिए मैं आईटीआई सतारा के प्रशिक्षक का आभारी हूं।

इस पुस्तक से, मैं खुद को धन्य मानता हूं कि मैंने आपके साथ ई-लर्निंग पर अपने विचार साझा किए। मैं यह दावा नहीं करूंगा कि यह पुस्तक पूर्ण है, क्योंकि पूर्णता को देखते हुए यह पुस्तक एक प्रयास है और अपनी शैशवावस्था में है। यदि उनका परीक्षण और सुझाव दिया जाए तो वे सुधार के लिए मूल्यवान होंगे।

मनोज डोले
दिनांक 9/1/2019

पावती (स्वीकृति)

21वीं सदी में औद्योगिक क्षेत्र में तेजी से बढ़ती मांग के अनुरूप बहु-कुशल कारीगरों की आपूर्ति के लिए व्यावसायिक शिक्षा और प्रशिक्षण विभाग के माध्यम से व्यावसायिक शिक्षा और प्रशिक्षण विभाग के माध्यम से व्यावसायिक शिक्षा और प्रशिक्षण प्रदान किया जाता है। संस्थानों के भीतर सभी व्यवसाय महत्वपूर्ण हैं, क्योंकि इन व्यवसायों के प्रशिक्षु उद्योग की मांगों के अनुसार बहु-कौशल विकसित करते हैं।

सभी व्यवसायों के लिए उपयुक्त एमसीक्यू ई-पुस्तकें उपलब्ध कराने के नेक इरादे से, यह देखते हुए कि औद्योगिक क्षेत्र के सभी उद्योगों में सभी परीक्षाएं ऑनलाइन आयोजित की जाती हैं और इसमें एमसीक्यू पद्धति के प्रश्न शामिल होते हैं। श्री मनोज मधुकर डोले ने नए वार्षिक पाठ्यक्रम के अनुसार एमसीक्यू पद्धति पर एक बहुत अच्छी ई-बुक लिखी है। यह ई-पुस्तक निश्चित रूप से सभी प्रशिक्षुओं, प्रशिक्षु उम्मीदवारों, प्रशिक्षण प्रशिक्षकों और अन्य संबंधितों के लिए एक मार्गदर्शक होगी।

पुस्तक के लेखक श्री मनोज मधुकर डोले, इंस्ट्रक्टर गॉव आईटीआई सतारा को 17 साल का प्रशिक्षण अनुभव है। एक नए वार्षिक पैटर्न के रूप में लिखी गई, यह ई-बुक प्रत्येक विषय के लिए लेआउट, सरल भाषा और सरल सिंटैक्स, आरेख और वीडियो को समझने के लिए आधुनिक डिजिटल क्यूआर कोड तकनीक को शामिल करती है। इसलिए मुझे विश्वास है कि यह ई-पुस्तक निश्चित रूप से गहन अध्ययन और परीक्षा अभ्यास के लिए उपयोगी होगी। उन्होंने जो कार्य किया है वह निश्चित रूप से काबिले तारीफ है।

श्री तुकाराम मिसाल
प्राचार्य शासकीय औद्योगिक प्रशिक्षण संस्था सातारा.

आमुख

हमारे औद्योगिक प्रशिक्षण संस्थानों की औद्योगिक प्रशिक्षण और सैद्धांतिक परीक्षा प्रणाली और इन परिवर्तनों को शिल्प प्रशिक्षकों और प्रशिक्षुओं द्वारा स्वीकार किया गया है। आपके औद्योगिक प्रशिक्षण संस्थानों में आयोजित सैद्धांतिक परीक्षाएं भी ऑनलाइन आयोजित की जाती हैं। चूंकि ये परीक्षाएं बहुविकल्पीय एमसीक्यू पद्धति की हैं, इसलिए प्रशिक्षुओं को ऐसे प्रश्नों का अधिक अभ्यास करने की आवश्यकता होगी।

इन सब बातों को ध्यान में रखते हुए श्री मनोज मधुकर, निदेशक, डोले क्राफ्ट्स, कटारी औद्योगिक प्रशिक्षण संस्थान, सतारा, ने नई वार्षिक प्रणाली और NSQF-5 के अनुसार, गहन अध्ययन किया है और अपनी मेहनत से और अपनी गहरी बुद्धि को जोड़ा है। पाठ्यक्रम, कटारी और अन्य मशीन ट्रेडों की ई-बुक। -बुक) और उन्होंने प्रशिक्षण को आसान बनाने के लिए सैद्धांतिक विषयों पर मोबाइल ऐप और ब्लॉग बनाए हैं और इन सभी शैक्षिक सामग्री को विश्व प्रसिद्ध वेबसाइटों Google Play Store, Amazon और Apple Book Store पर डाउनलोड के लिए उपलब्ध कराया है। प्रिंट संस्करण बनाकर और क्यूआर कोड जैसी उन्नत तकनीकों का उपयोग करके प्रशिक्षण को आसान बना दिया गया है।

ये सभी शैक्षिक सामग्री निश्चित रूप से सभी प्रशिक्षुओं के लिए गहन अध्ययन के लिए और शिल्प प्रशिक्षकों और अन्य संबंधितों के लिए एक मार्गदर्शक होगी जो व्यावसायिक प्रशिक्षण प्रदान कर रहे हैं।

1

प्लॅस्टिक प्रोसेसिंग ऑपरेटर PPO हिंन्दी QR Code Images

Download App
Online Test Exam
ITI Books
AutoCAD CAM
JOB & Apprentice
Online Theory
Computer Course
Trading Course
CNC Course
MSCIT Course
Shopping Business
Internet Business
Web Designing
Online Services
Top Sportsmans
Indian Army
Freedom Fighters
Top Scientists
Social Reformers
Motivational Speaker
Top Richest People
Join WhatsApp Group
Join Facebook Group
Like Facebook Page
PAN / Adhar / Licence Passport

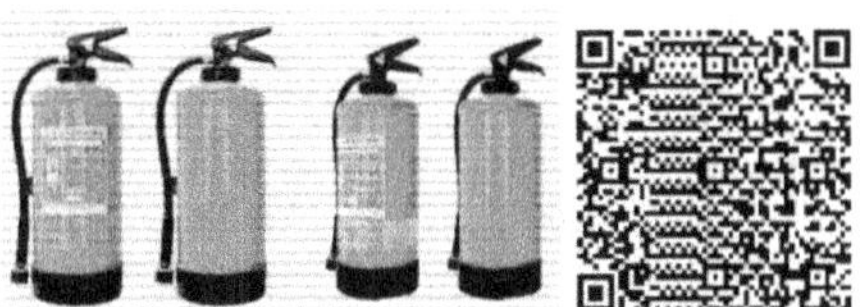

Fire extinguisher

Calliper

Hacksaw frame

Universal surface guage

Hammer

Centre punch

Bench vice

Files

Scraper

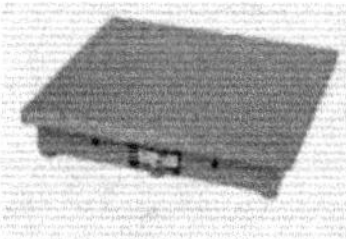

Surface Plate

Outside Micrometer

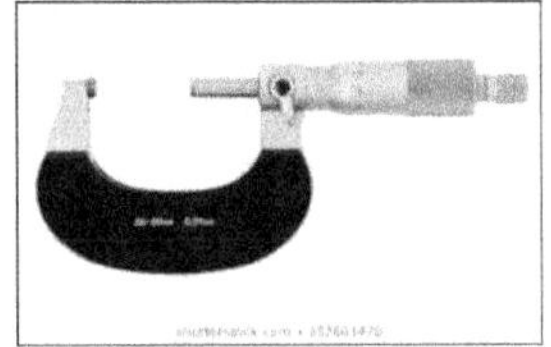 

Micrometer

Depth micrometer

Vernier Calliper

Vernier bevel protractor

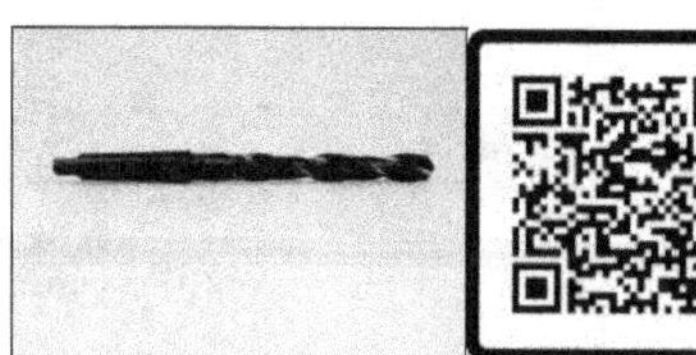

Drilling

Reamer

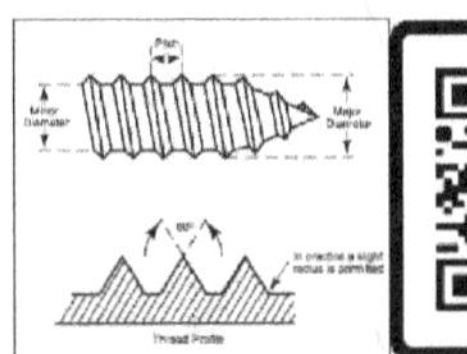

Thread

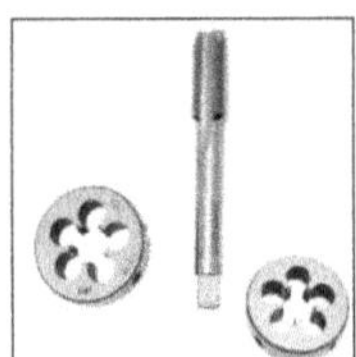

Tap Die

Grinding Wheel

Tap Die

Centre gauge

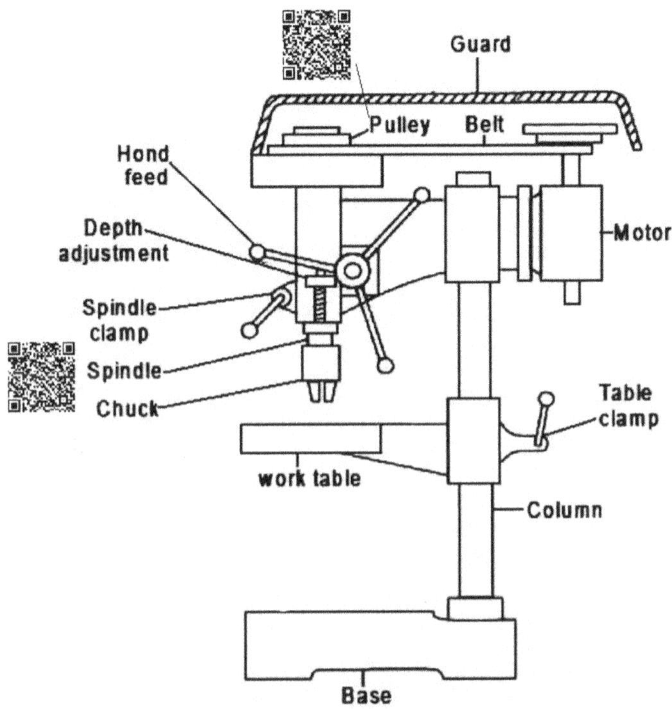

Piller Drilling Machine

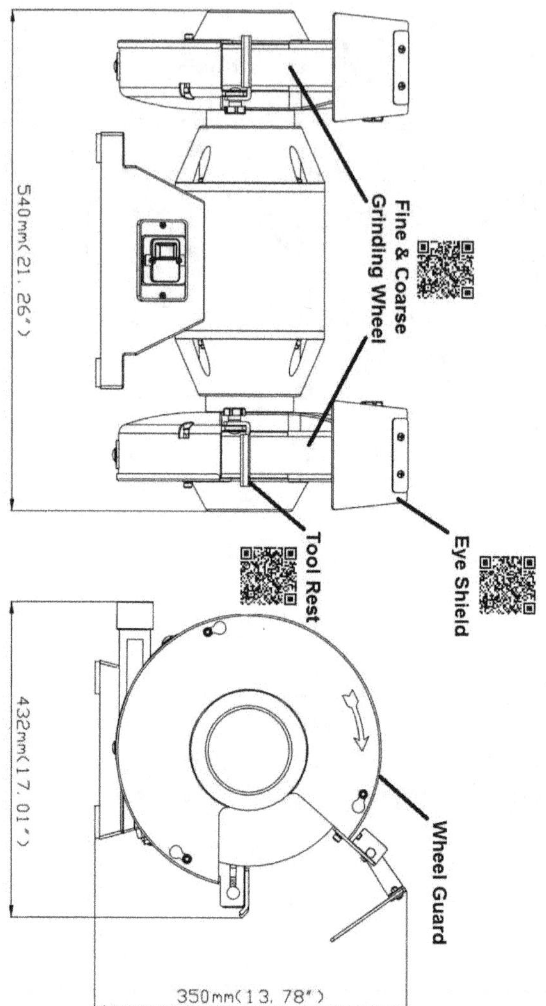
Bench Grinding Machine
Fine & Coarse Grinding Wheel
Eye Shield
Tool Rest
Wheel Guard
540mm(21.26")
432mm(17.01")
350mm(13.78")

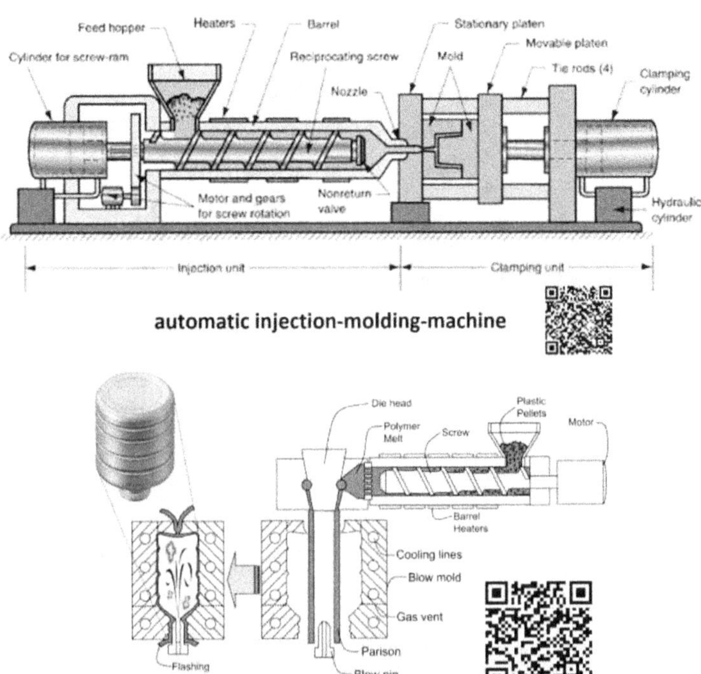

automatic injection-molding-machine

blow moulding machine

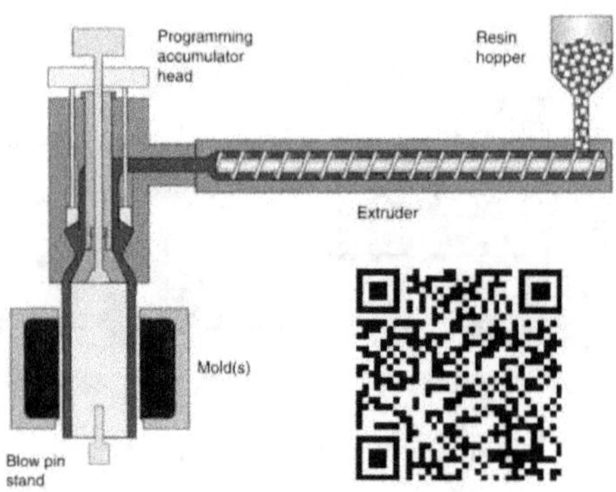

blow moulding machine

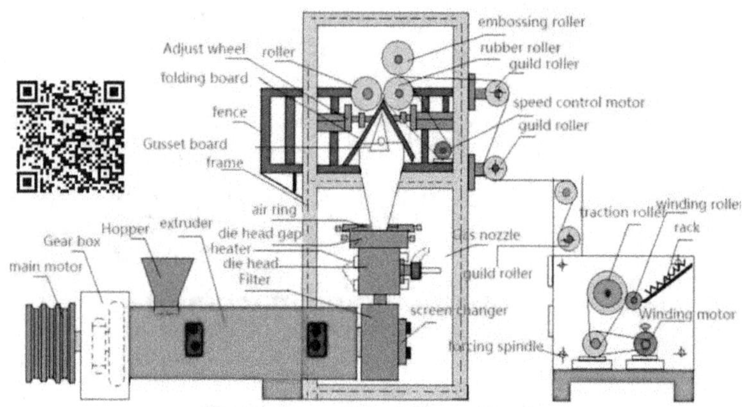

Film blowing machine driving schematic

blown film plant Auto blow molding machine

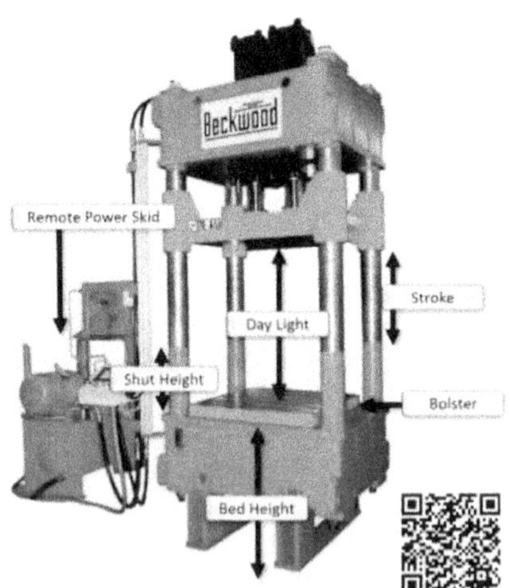

compression moulding machine

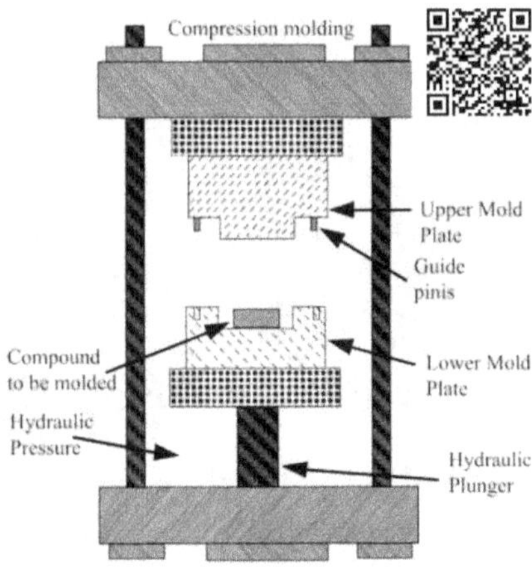

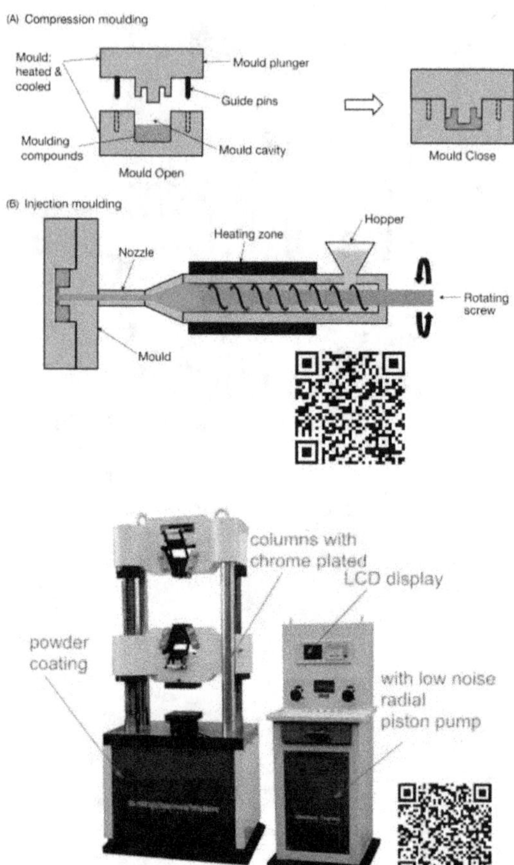

Digital-Display-Hydraulic-Universal-Testing-Machine

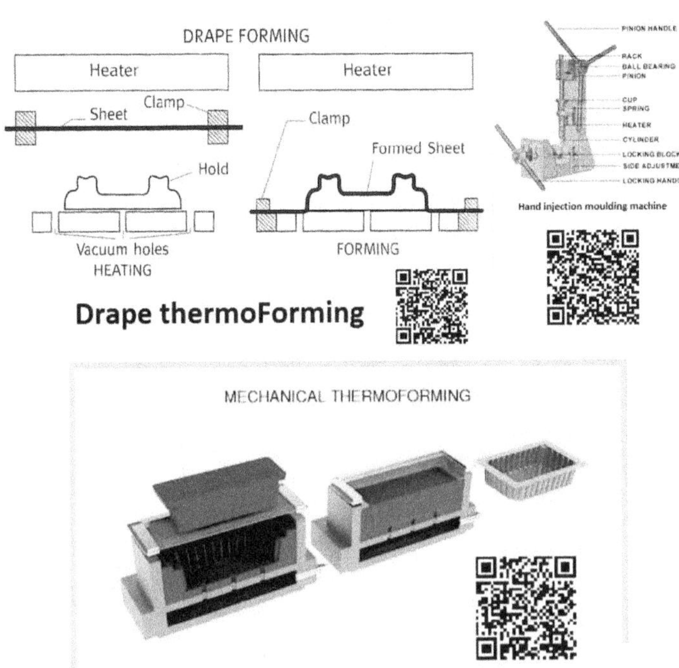
DRAPE FORMING
Heater
Heater
Sheet
Clamp
Clamp
Formed Sheet
Hold
Vacuum holes
HEATING
FORMING
Drape thermoForming
PINION HANDLE
RACK
BALL BEARING
PINION
CUP
SPRING
HEATER
CYLINDER
LOCKING BLOCK
SIDE ADJUSTMENT
LOCKING HANDLE
Hand injection moulding machine
MECHANICAL THERMOFORMING

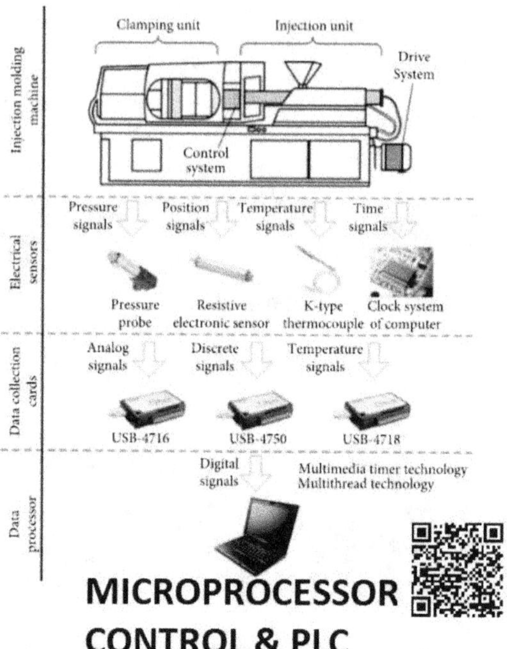

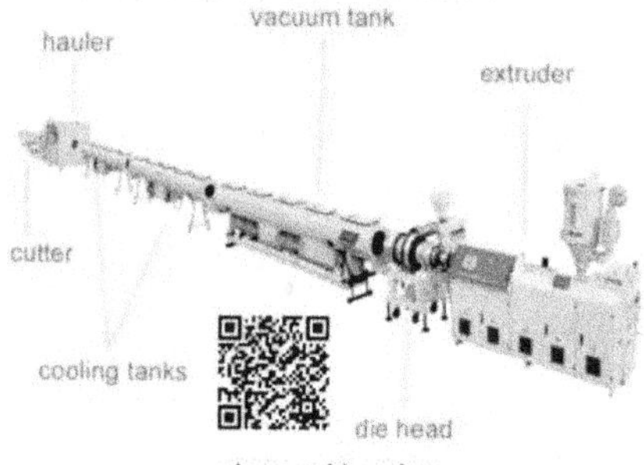

pipe machine plant

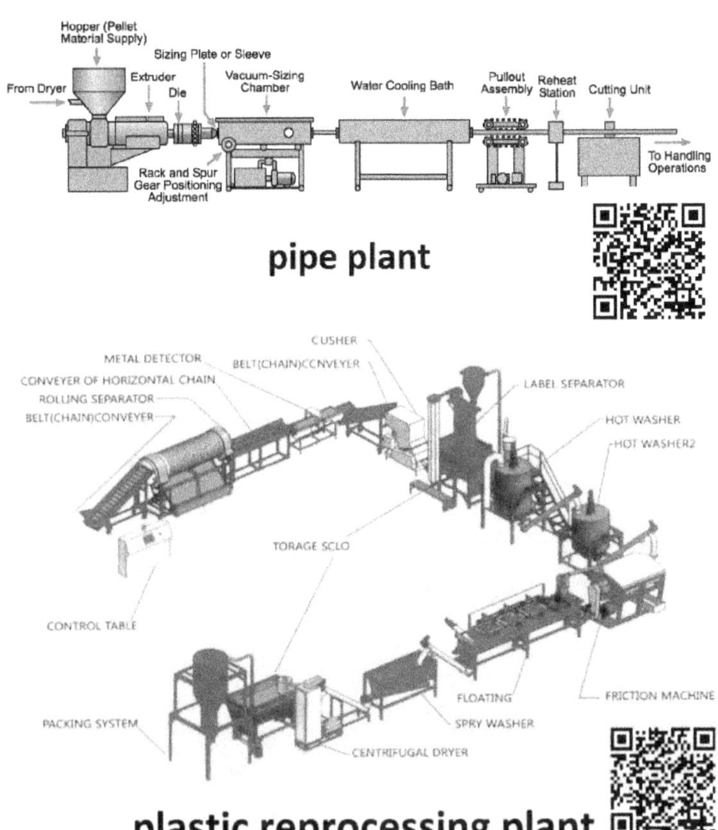

pipe plant

plastic reprocessing plant

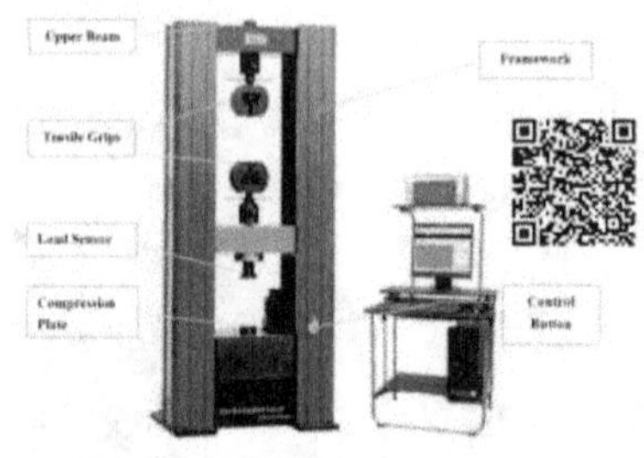

plastic tensile testing machine

pressure-thermoforming

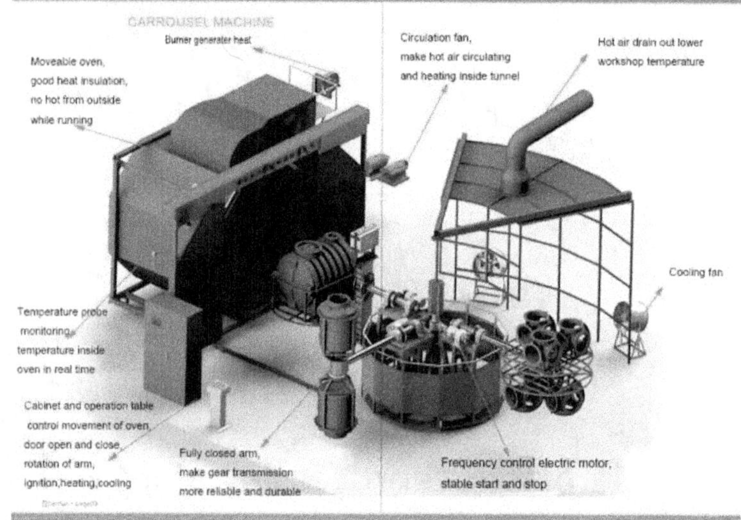

Rotomolding-Machine-for-Making-Multi-Purpose-Plastic-Water-Tank

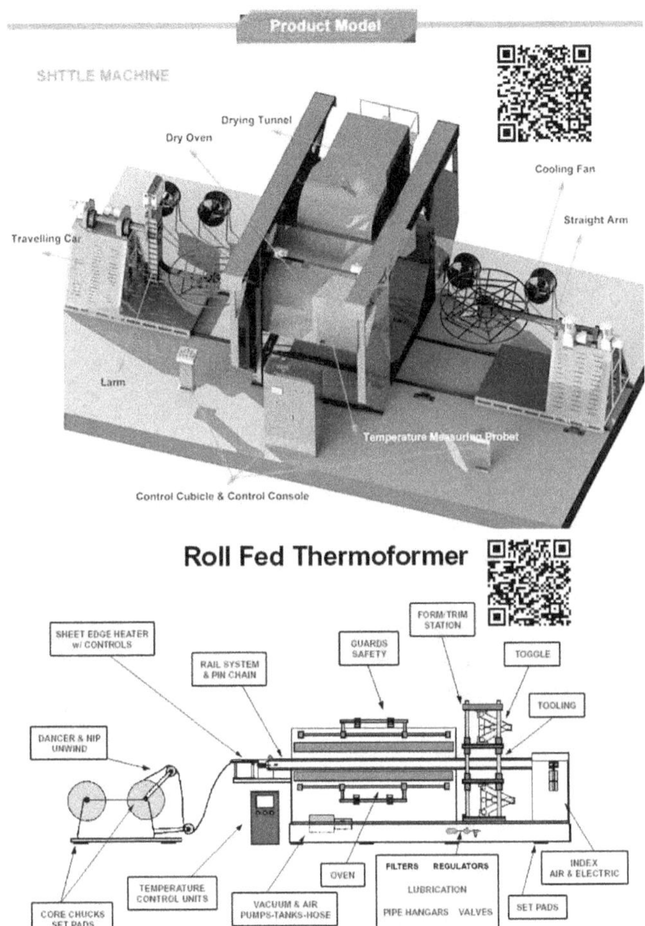
Product Model
SHTTLE MACHINE
Drying Tunnel
Dry Oven
Cooling Fan
Straight Arm
Travelling Car
Larm
Temperature Measuring Probet
Control Cubicle & Control Console
Roll Fed Thermoformer
SHEET EDGE HEATER w/ CONTROLS
RAIL SYSTEM & PIN CHAIN
GUARDS SAFETY
FORM/TRIM STATION
TOGGLE
TOOLING
DANCER & NIP UNWIND
TEMPERATURE CONTROL UNITS
VACUUM & AIR PUMPS-TANKS-HOSE
OVEN
FILTERS   REGULATORS
LUBRICATION
PIPE HANGARS   VALVES
SET PADS
INDEX AIR & ELECTRIC
CORE CHUCKS SET PADS

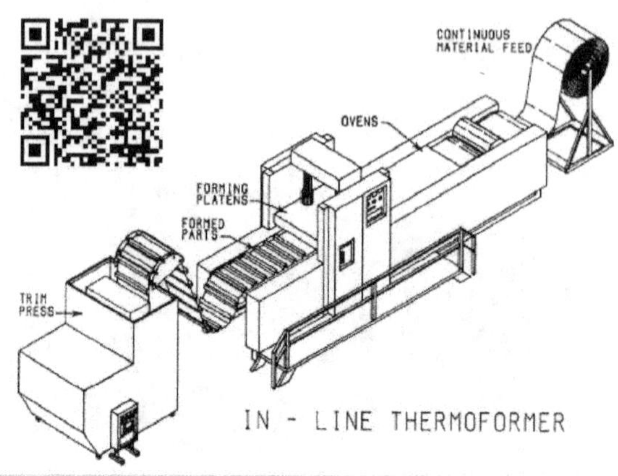

CONTINUOUS
MATERIAL FEED
OVENS
FORMING
PLATENS
FORMED
PARTS
TRIM
PRESS
IN - LINE THERMOFORMER

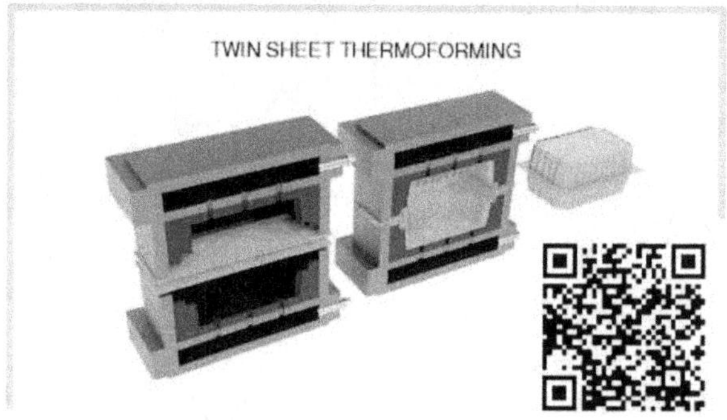

TWIN SHEET THERMOFORMING

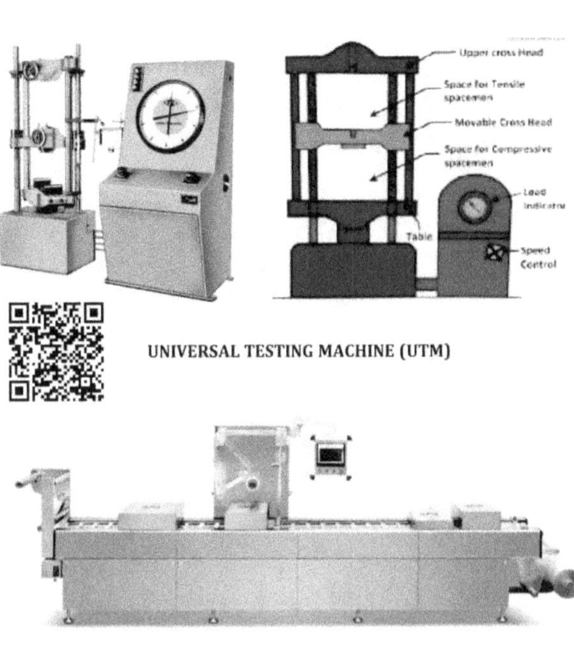

UNIVERSAL TESTING MACHINE (UTM)

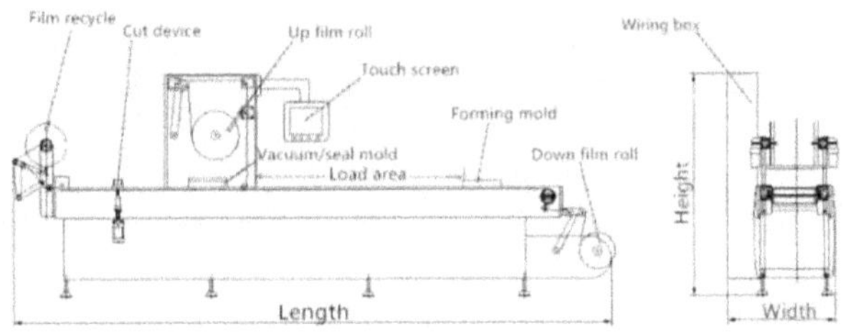

vaccume thermoforming machine

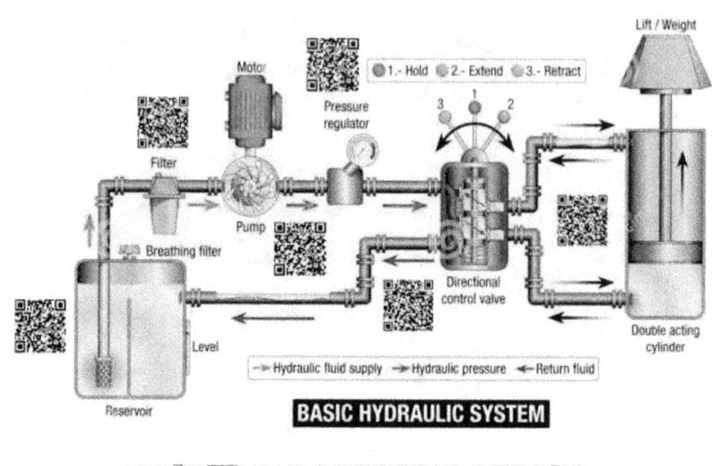
Motor
Pressure
regulator
1.- Hold   2.- Extend   3.- Retract
Lift / Weight
Filter
3   1   2
Pump
Breathing filter
Directional
control valve
Double acting
cylinder
Level
Reservoir
Hydraulic fluid supply   Hydraulic pressure   Return fluid
BASIC HYDRAULIC SYSTEM

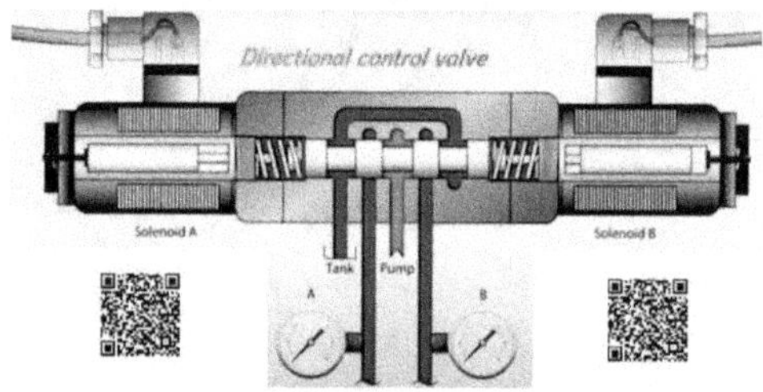
Directional control valve
Solenoid A
Solenoid B
Tank   Pump
A   B

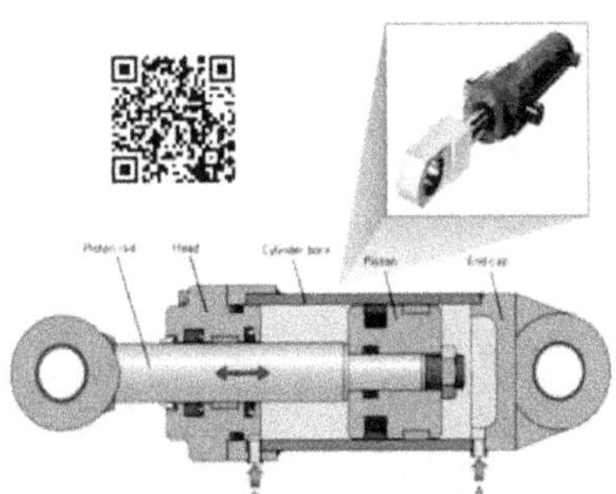

Hydraulic Cylinder

Double Acting, Single ended Cylinder

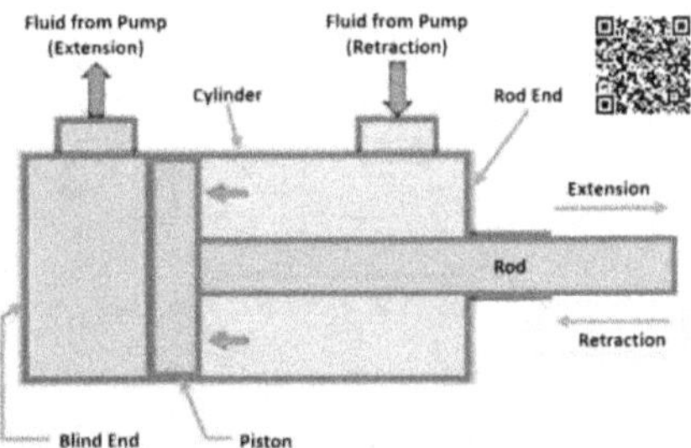

Direct Pressure Relief Valves

- The pressure relief valve provides protection against overload experienced by the actuators in a hydraulic system. One important function is to limit the force or torque produced by the hydraulic cylinders or motors.

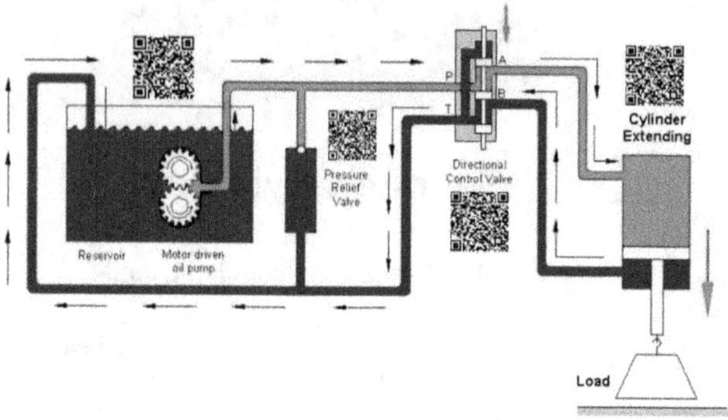

FLOW CONTROL VALVES

- A flow control valve can regulate the flow or pressure of the fluid.
- The fluid flow is controlled by varying area of the valve opening through which fluid passes.

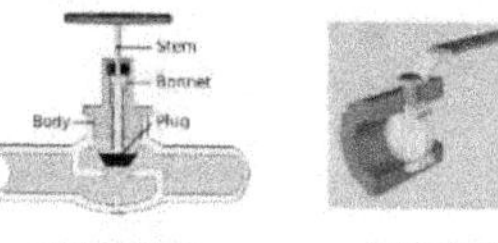

GLOBE VALVE   BUTTERFLY VALVE   PLUG VALVE

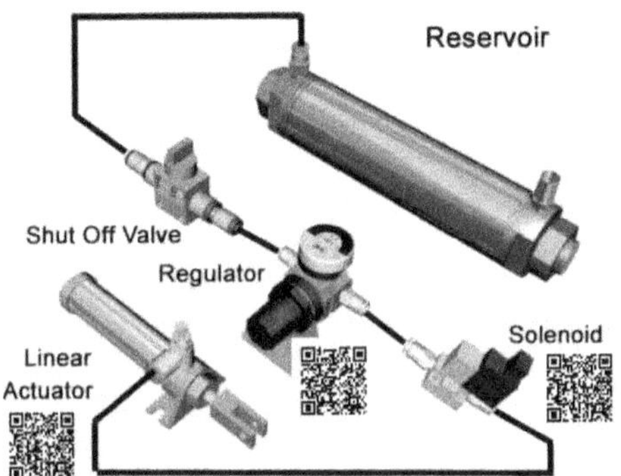

Pneumatic System

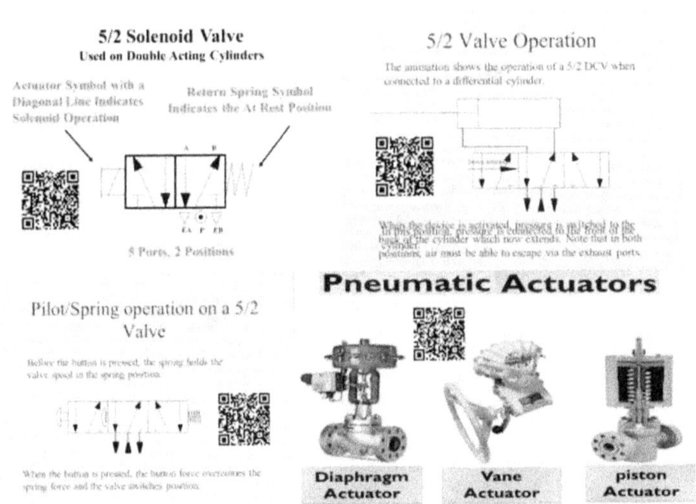

Pneumatic Control Valve   **Pneumatic Control Valve Mechanisem**

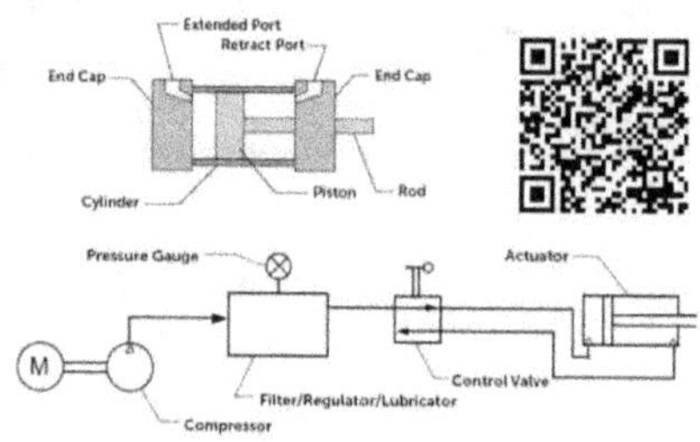

Pneumatic Cylinder System

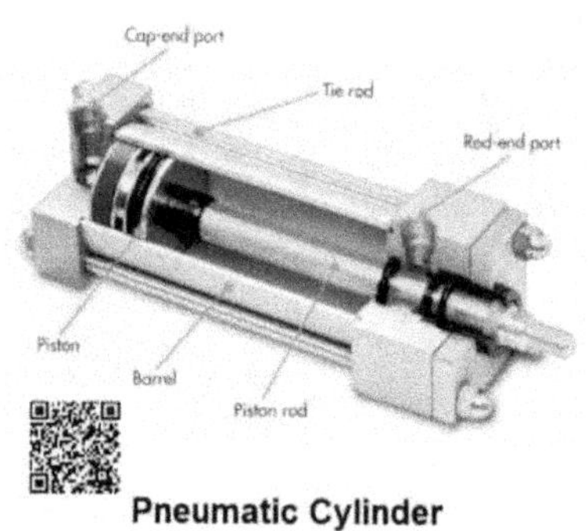

Pneumatic Cylinder

Pneumatic Cylinder

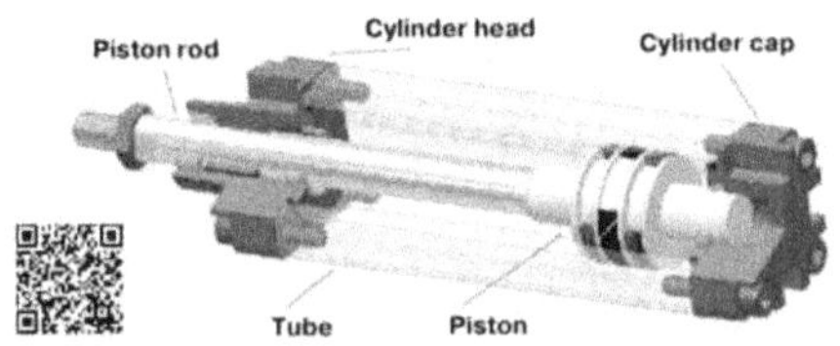

2-way, 2-position, normally closed direct-acting solenoid valve, spring return

4-way (5-port), 2-position, piloted solenoid valve, spring return

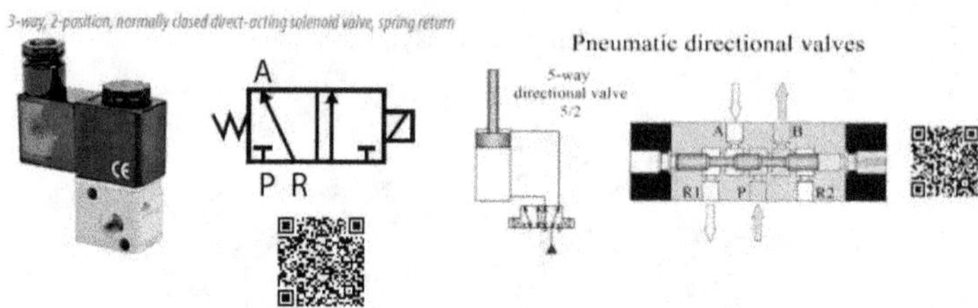

Enter Caption

2

प्लॅस्टिक प्रोसेसिंग ऑपरेटर PPO हिंन्दी MCQ

1] कौन सी वर्कशॉप सेफ्टी है?

ए] दुकानकेफर्शकोसाफऔरग्रीस, तेलयाअन्यफिसलनसामग्रीसेमुक्तरखें

बी] गति बदलने से पहले मशीन बंद करो

सी] फटे या चिपके हुए औजारों का प्रयोग न करें

D] चल रही मशीन को हाथ से रोकने की कोशिश न करें

2] पर्सनल प्रोटेक्ट इक्विपमेंट (पीपीई) में हेल्मेट का उपयोग किया जाता है

ए] सिरकीरक्षाकरें

बी] आंखों की रक्षा करें

सी] हाथों की रक्षा करें

डी] कानों की रक्षा करें

3] निम्नलिखित में से कौन सामान्य सुरक्षा से संबंधित है?

A एक कार्यकर्ता को अच्छे व्यवहार में रखें

बी] काम साफ और स्पष्ट

सी] अपने काम पर ध्यान लगाओ

डी] फर्शऔरगैंगवेकोसाफऔरसाफरखें

4] पीसते समय आंखों की सुरक्षा के लिए किसका प्रयोग किया जाता है?

ए] गहरा हरा कांच

बी] मुखौटा

सी] धूप का चश्मा

डी] सुरक्षाचश्मा

5] मशीन सुरक्षा के लिए निम्नलिखित में से क्या किया जाता है?

ए] मशीनशुरूकरनेसेपहलेतेलकेस्तरकीजांचकरें

बी] चीजों को व्यवस्थित तरीके से करें

सी] फर्श और गैंगवे को साफ और साफ रखें

डी] डाई और स्कार्फ का प्रयोग न करें

6] पर्सनल प्रोटेक्ट इक्विपमेंट (पीपीई), 'स्लीव्स' का इस्तेमाल ---------- की सुरक्षा के लिए किया जाता है

एक चेहरा

बी] आंखें

सी] कान

<u>डी] हाथ</u>

7] एबीसी का मतलब --------------

ए] स्वचालित श्वास नियंत्रण

बी] स्वचालित रक्त नियंत्रण

<u>सी] वायुमार्गश्वासपरिसंचरण</u>

डी] स्वचालित रक्त परिसंचरण

8] आग और आग बुझाने वाले यंत्र

fire extingusher

Fire Extingusher

अग्निशामक: आग

9] "क्लास बी" की आग को बुझाने के लिए किस प्रकार के अग्निशामक यंत्र का उपयोग किया जाता है ....

<u>ए] शुष्कशक्ति</u>

बी] कार्बन डाइऑक्साइड

सी] पानी की जेट

डी] फोम प्रकार

10] सामान्य आग को बुझाने के लिए किस प्रकार के अग्निशामक यंत्र का उपयोग किया जाता है?

<u>ए] जलप्रकारबुझानेवाला</u>

बी] फोम प्रकार बुझाने वाला

सी] शुष्क रासायनिक पाउडर एक्सटिंगुइशर

डी] कार्बन डाइऑक्साइड (C02] बुझाने वाला)

11] खून बहने की स्थिति में उपचार करें

डी] ठंडा 3" और आराम

ए] ठंडेपानीकाछिडकावकरें

बी] तुरंत पट्टी -----।

बी] दुर्घटना विचार उपचार के बारे में पूछताछ

safety   workshop safety

12] दुर्घटना की स्थिति में पीड़ित को

ए] आराम करने के लिए कहा

सी] तुरंतभागलिया

डी] उसे छोड़ दो

13] प्राथमिक उपचार किसी घायल या बीमार व्यक्ति को प्राथमिक रूप से दिया जाता है....

ए] जीवन बचाओ

बी] मफ की और गिरावट को रोकें

सी] सर्वोत्तम संभव आराम दें

डी] येसभी

14] बेकार कागज को अलग करने के लिए डिब्बे का रंग कोड है -----

ए] नीलारंग

बी] पीला रंग

सी] लाल रंग

डी] हरा रंग

15] जापानी में Seiko का अर्थ -------------- होता है

ए] शाइन

बी] क्रमबद्ध करें

सी] मानकीकरण

डी] सस्टेनेबल

16] एसएस प्रणाली का लाभ है ------

ए] उत्पादकता में वृद्धि

बी] गुणवत्ता में वृद्धि

सी] समय की बर्बादी में कमी

डी] येसभी

17] सुरक्षा है -----------

ए] किसी का व्यवसाय नहीं

बी] हरबॉडीबिजनेस

सी] कुछ निकायों का व्यवसाय

डी] संगठन व्यवसाय

18] सुरक्षा चिन्हों की बुनियादी श्रेणियों के लिए "निषेध" चिन्ह का अर्थ उपलब्ध है ----

ए] दिखाताहैकियहनहींकियाजानाचाहिए

बी] दिखाता है कि क्या किया जाना चाहिए

सी] खतरे या खतरे की चेतावनी देता है

डी] सुरक्षा प्रावधान की जानकारी देता है

18] एक माइक्रोमीटर (U) बराबर होता है...

ए] 0.1 मिमी

बी] 0.01 मिमी

सी] 0.001 मिमी

डी] 0.0001 मिमी

19] एक स्लॉट की चौड़ाई मापने के लिए कैलीपर है...

ए] अजीब पैर कैलिपर

बी] बाहरी कैलिपर

सी] जेनी कैलिपर

डी] कैलिपरकेअंदर

caliper　　　　　　　　hand tools

कैलिपर

20] डिवाइडर का आकार ----------- द्वारा निर्दिष्ट किया जाता है

ए] पैरों की कुल लंबाई

बी] पूरी तरह से खुलने पर बिंदुओं के बीच की दूरी

सी] बिना बिंदुओं के पैरों की लंबाई

डी] धुरीऔरबिंदुकेबीचकीदूरी

21] डेटम किनारे के समानांतर समानांतर रेखाओं को चिह्नित करने के लिए इस्तेमाल किया जाने वाला उपकरण है -

ए] जेनीकैलिपर

बी] डिवाइडर

सी] बाहरी कैलिपर

डी] कैलिपर के अंदर

22] निम्नलिखित में से कौन सा एक अप्रत्यक्ष माप उपकरण है?

ए] बाहरीकैलिपर

बी] वर्नियर कैलिपर

सी] स्टील नियम

डी] बाहरी माइक्रोमीटर

23] पतली ट्यूबिंग काटने के लिए, हैक्सॉ ब्लेड की सबसे उपयुक्त पिच है...

ए] 1.8 मिमी

बी] 1.4 मिमी

सी] 1 मिमी

डी] 0.8 मिमी

24] ठोस पीतल काटने के लिए, हैक्सॉ ब्लेड की सबसे उपयुक्त पिच है...

ए] 1.8 मिमी

बी] 1.4 मिमी

सी] 1 मिमी

डी] 0.8 मिमी

hacksaw   Hacksaw Frame Blade

हक्सॉ फ्रेम

25] एक नया हैक्सॉ ब्लेड कुछ स्ट्रोक के बाद ढीला हो जाता है क्योंकि...

ए] ब्लेडकाखिंचाव

बी] विंग-अखरोट के धागे खराब हो रहे हैं

सी] ब्लेड की गलत पिच

डी] आरी के सेट का अनुचित चयन।

26] छोटे व्यास के पाइपों को काटते समय नियमित रूप से देखने और यह सुनिश्चित करने की सलाह दी जाती है कि...

ए] कट घुमावदार रेखा के साथ है

बी] <u>अधिकदेखादांतअनुबंधमेंहैं</u>

सी] काम ज़्यादा गरम नहीं है

डी] हैकसॉ का उचित संतुलन बनाए रखा जाता है

27] वाइस क्लैम्प का उपयोग किया जाता है ...

ए] कठोर जबड़े की रक्षा करें

बी] काम के टुकड़ों को सख्ती से जकड़ें

सी] <u>तैयारसतहोंकीरक्षाकरें</u>

डी] जंगम जबड़े को दाखिल होने से रोकें

28] अंकन के दौरान संदर्भ सतह द्वारा प्रदान की जाती है ...

ए] भूतल गेज

बी] वर्कपीस

सी] काम का चित्रण

डी] <u>तालिकाकीसतहकोचिह्निनतकरना</u>

29] एक इंजीनियर के वाइस का आकार किसके द्वारा निर्दिष्ट किया जाता है...

ए] जंगम जबड़े की लंबाई

बी] <u>जबड़ेकीचौड़ाई</u>

सी] वाइस की ऊंचाई

D] जबड़ों का अधिकतम खुलना

30] यूनिवर्सल सरफेस गेज का वह भाग जो एक डेटम एज के साथ समानांतर रेखा खींचने में मदद करता है, वह है ..

ए] रॉकर आर्म

बी] सुखद

सी] ठीक समायोजन पेंच

डी] <u>गाइडपिन</u>

universal surface gauge — Surface Gauge

यूनिवर्सल सरफेस गेज

31] स्क्राइबर किससे बने होते हैं...

ए] माइल्ड स्टील

बी] <u>उच्चकार्बनस्टील</u>

सी] पीतल

डी] कच्चा लोहा

32] हथौड़े के हैंडल को ठीक करने के लिए इस्तेमाल किया जाने वाला हिस्सा है...

एक चेहरा

बी] पीन

सी] गाल

डी] <u>आँखकाछेद</u>

33] अंकन के उद्देश्य के लिए हथौड़े का वजन है...

ए] <u>250g</u>

बी] 500g

सी] 1 किलो

डी] 2 किग्रा

hammer   Hammers

हथौड़ा

34] डिवाइडर का आकार किसके द्वारा निर्दिष्ट किया जाता है...

ए] पैरों की कुल लंबाई

बी] पूरी तरह से खुलने पर बिंदुओं के बीच की दूरी

सी] बिंदुओं के बिना पैरों की लंबाई

डी] <u>धुरीऔरबिंदुकेबीचकीदूरी</u>

35] 'वी' ब्लॉक के खांचे का सम्मिलित कोण हमेशा होता है....

ए] 45०

बी] 60०

सी] 90०

डी] <u>120०</u>

36] 'वी' ब्लॉक ग्रेड में उपलब्ध हैं ...

ए] <u>एऔरबी</u>

बी] ए, बी और सी

सी] 1,2 और 3

डी] 1 और 2

37] ग्रेड 'बी' के 'वी' ब्लॉक के बने होते हैं

ए] <u>कच्चालोहा</u>

बी] हल्के स्टील

सी] स्टील

डी] कास्ट स्टील

38] केंद्र का पता लगाने के लिए इस्तेमाल किए जाने वाले पंच का नाम बताइए।

A] प्रिक पंच 30°

B] प्रिक पंच 60°

सी] <u>केंद्रपंच</u>

डी] डॉट पंच

Centre punch 1   Punches

केंद्र पंच

39] सेंटर पंच का पॉइंट एंगल -------- होता है

ए] 30 डिग्री

बी] 50 डिग्री

<u>सी] 900</u>

डी] 1200

40] पंचों का उपयोग किसी भी आकार के ---------- बनाने के लिए किया जाता है

<u>ए] छेद</u>

बी] खनन

सी] नूरलिंग

सपना देखना

41] आम तौर पर वाइस के हैंडल की लंबाई ---------- होती है

ए] वाइस के सामान्य आकार का 1.5 गुना

<u>बी] वाइसकेसामान्यआकारका 2.5 गुना</u>

सी] वाइस के सामान्य आकार का 3.5 गुना

डी] वाइस के सामान्य आकार का 4.5 गुना

bench vice   Bench Vice

बेंच वाइस

42] बेंच वाइस स्पिंडल .... का बना होता है।

ए] माइल्डस्टील

बी] कच्चा लोहा

सी] टूल स्टील

डी] कांस्य

43] फाइलों की उत्तलता मदद करती है...

ए] अवतल सतहों को फाइल करने के लिए

बी] उत्तल सतहों को फाइल करने के लिए

सी] कामकेकिनारोंकोगोलकरनेसेरोकनेकेलिए

D] दबाव डालने पर फाइल सीधी हो जाती है

files 1   Files

फ़ाइलें

44] लकड़ी, चमड़ा और अन्य नरम सामग्री भरने के लिए किस फाइल का उपयोग किया जाता है? .

ए] सिंगल कट फाइल

बी] डबल कट फ़ाइल

सी] रास्पकटफ़ाइल

डी] घुमावदार कट फ़ाइल

45] प्रयुक्त फाइल का प्रयोग ------------ के लिए किया जाता है

ए] काम के टुकड़े की सफाई

सी] फ़ाइल दांतों का नवीनीकरण

बी] फाइलदांतोंकीसफाई

डी] चिप्स की सफाई

46] फाइल कार्ड का उपयोग ---------- के लिए किया जाता है

ए] काम के टुकड़े को साफ करें

सी] फ़ाइल दांत नवीनीकृत करें

बी] फाइलदांतसाफकरें

47] स्क्राइबर का बिंदु कोण ----------- है

ए] 30 डिग्री

बी] 60 डिग्री

सी] 5° से 10°

डी] 12° से 15°

48] कच्चा लोहा काटने के लिए काटने का कोण है...

ए] 37.5∘

बी] 55∘

सी] 60∘

डी] 90∘

chisel   hand tools

49] छेनी सामग्री में खोदेगी जब...

ए] रेक कोण अधिक है

बी] निकासी कोण बहुत कम है

सी] झुकावकाकोणअधिकहै

डी] झुकाव का कोण बहुत कम है

50] अत्याधुनिक को थोड़ा उत्तलता दी जाती है...

ए] घुमावदार सतहों को काटें

बी] तेज कोनों को काटें

सी] सिरोंकीखुदाईरोकें

डी] स्नेहक को प्रवेश करने दें

51] सरफेस प्लेट्स किसकी बनी होती हैं...

ए] उच्च ग्रेड कास्ट स्टील

बी] महीनदानेवालाकच्चालोहा

सी] मिश्र धातु स्टील्स

डी] गढ़ा लोहा

Surface plates   hand tools

52] सतह की प्लेटें उनकी लंबाई और चौड़ाई से निर्दिष्ट होती हैं और में होती हैं

ए] डेसीमीटर

बी] घन मीटर

सी] बेलनाकार

53] एंगल प्लेट के बिना मशीनी हिस्से पर पसलियों को दिया जाता है...

ए] आसान हैंडलिंग

बी] निर्माण में सुविधा

सी] मशीनों पर सेट करते समय क्लैंपिंग

डी] कठोरताऔरविरूपणकोरोकनेकेलिए

54] एंगल प्लेट पर स्लॉट किसके लिए दिए गए हैं...

ए] वजन कम करना

बी] काम को संरेखित करना

सी] हुक का उपयोग करके उठाना

डी] समायोजितबोल्ट।

55] कोण प्लेटों का आकार किसके द्वारा बताया गया है...

भार

बी] लंबाई

सी] लंबाई x चौड़ाई

डी] आकारसंख्या

56] हाई स्पीड पार्टिंग ऑफ के लिए सीमेंटेड कार्बाइड जैसी सामग्री पर काम है

ए] सभी मशीन करो

बी] मशीन काटना

सी] हेवीड्यूटीपावरदेखा

डी] खनन मशीन बैठे देखा

57] गन मेटल तांबे की मिश्र धातु है, -----------

ए] टिनऔरजस्ता

बी] सीसा और जस्ता

सी] जिंक और निकल

डी] सीसा और निकल

58] ढलवां लोहे का उपयोग मशीन बेड के निर्माण के लिए किया जाता है क्योंकि -------

ए] यहअधिकसंपीडनतनावकाविरोधकरसकताहै

बी] यह वजन में भारी है

C] यह सस्ती धातु है

D] यह एक भंगुर धातु है

59] माइक्रोमेट्रिक के बाहर एक मीट्रिक की शुद्धता या न्यूनतम गणना --------- होती है

ए] 0-1 मिमी

बी] 0.01 मिमी

सी] 0.001 मिमी

डी] 0.02 मिमी

micrometer   Out Side Micrometer

60] 1000 माइक्रोन मतलब -----

ए] 1 मिमी

बी] 1 एम

सी] 1000 मिमी

डी] 10 सेमी

61] एक मीट्रिक माइक्रोमीटर में, थिम्बल अग्रिमों की एक पूर्ण क्रांति ------------

ए] 0.01 मिमी

बी] 0.25 मिमी

सी] 0.50 मिमी

डी] 1.00 मिमी

micrometer2   Out Side Micrometer

माइक्रोमीटर

62] माइक्रोमीटर में शाफ़्ट स्टॉप ------------ में मदद करता है

ए] दबावकोनियंत्रितकरें

बी] स्पिंडल को लॉक करें

सी] शून्य त्रुटि समायोजित करें

डी] काम के टुकड़े को पकड़ो

63] 1000 माइक्रोन का मतलब --------------

ए] 1 मिमी

बी] 1 एम

सी] 1000 मिमी

डी] 10 सेमी

64] माइक्रोमीटर के बाहर 50-75 मिमी की शून्य रीडिंग क्या है?

ए] 0.000 मिमी

बी] 0.01 मिमी

सी] 25.00 मिमी

डी] 50.00 मिमी

65] माइक्रोमीटर के बाहर एक मीट्रिक की आस्तीन पर सबसे छोटे विभाजन का मान है -----

ए] 0.50 मिमी

बी] 1.00 मिमी

सी] 1.50 मिमी

डी] 2.00 मिमी

66] माइक्रोमीटर में शाफ़्ट स्टॉप --------- में मदद करता है

ए] दबावकोनियंत्रितकरें

बी] स्पिंडल को लॉक करें

सी] शून्य त्रुटि समायोजित करें

डी] काम के टुकड़े को पकड़ो

67] गहराई माइक्रोमीटर की न्यूनतम संख्या है

ए] 0.5 मिमी

बी] 0.2 मिमी

सी] 0.001 मिमी

<u>डी] 0.01 मिमी</u>

Depth micrometer 1   Depth Micrometer

गहराई माइक्रोमीटर

68] वर्नियर कैलिपर की अल्पतम संख्या है (मुख्य पैमाना = 49 डिवीजन, वर्नियर स्केल = 50 डिवीजन]

ए] 0.1 मिमी

बी] 0.01 मिमी

सी] 0.001 मिमी

<u>डी] 0.02 मिमी</u>

vernier calliper 1   Vernier Caliper 1

वर्नियर कैलिपर

69] वर्नियर कैलिपर का उपयोग करके किए गए माप का प्रकार है------

ए] प्रत्यक्ष माप

<u>बी] अप्रत्यक्षमाप</u>

सी] 90"] (ए) 81 (बी]

डी] इनमें से कोई नहीं

70] वर्नियर बेवल प्रोट्रैक्टर की न्यूनतम संख्या है...

ए] 1"

बी] 5'

सी] 1°

डी] 5

71] वर्नियर बेवल प्रोट्रैक्टर का वह भाग जो आमतौर पर कोणों को मापने के लिए संदर्भ आधार के रूप में उपयोग किया जाता है, वह है...

एक ब्लेड

बी] स्टॉक

सी] डिस्क

सी] मुख्य पैमाने

vernier bevel protractor
3

Vernier Bevel
Protractor

वर्नियर बेवल प्रोट्रैक्टर

72] वर्नियर बेवल रक्षक का वह भाग जिस पर मुख्य पैमाने पर विभाजन अंकित होते हैं, वह है...

स्टॉक

बी] डायल

सी] डिस्क

डी] समायोज्य ब्लेड

73] बेवल प्रोट्रैक्टर का वह भाग, जो मापते समय झुकी हुई सतह के संपर्क में आता है, वह है...

ए] ब्लेड

बी] स्टॉक

सी] डिस्क

डी] डायल

74] वर्नियर बेवल प्रोट्रैक्टर के मुख्य पैमाने के प्रत्येक भाग का मान है...

ए] 5‘

बी] 1०

सी] 5०

डी]10०

75] बेवल प्रोट्रैक्टर के वर्नियर स्केल के प्रत्येक भाग का मान होता है...

ए] 1०

बी] 1०5’

सी] 1०55‘

डी] 5’

76] टेंपर शैंक ड्रिल मशीन पर किसके माध्यम से आयोजित की जाती है...

ए] चक्स

बी] आस्तीन

सी] बहाव

डी] वाइस

taper shank drills   drilling machine

77] ड्रिल चक को ड्रिलिंग मशीन स्पिंडल पर किस माध्यम से फिट किया जाता है...

ए] घुमावदार अंगूठी

बी] आर्बोर

सी] बहाव

डी] पिनियन और कुंजी

78] अभ्यास पर प्रदान किया गया मोर्स टेपर के बीच...

ए] एमटी 1 सेएमटी 5

बी] मीट्रिक टन 1 से मीट्रिक टन 4

सी] एमटी 0 से एमटी 5

डी] एमटी 0 से एमटी 4

79] एक बहाव के लिए प्रयोग किया जाता है ...

ए] एक ड्रिल स्थान बनाना

बी] मशीन स्पिंडल पर चक फिक्सिंग

C] टूटी हुई ड्रिल को काम से हटाना

डी] मशीनस्पिंडलसेड्रिलकोहटाना

80] जब ड्रिल का टेंपर शैंक मशीन स्पिंडल से बड़ा होता है, तो ड्रिल को होल्ड करने का उपकरण एक...

ए] ड्रिल आस्तीन

बी] टेपरसॉकेट

सी] ड्रिल बहाव

डी] चक और कुंजी

81] ड्रिलिंग मशीन में माइल्ड स्टील की ड्रिलिंग के लिए उपयुक्त कटिंग फ्लुइड है...

ए] सिंथेटिक घुलनशील तेल

बी] साफ तेल

सी] आसुत जल

डी] घुलनशीलतेल

82] रेडियल ड्रिलिंग मशीन की एक विशेष विशेषता है...

ए] इसका उपयोग एचएसएस ड्रिल के साथ ड्रिलिंग के लिए किया जा सकता है

बी] तालिका को किसी भी स्थिति में स्थानांतरित और सेट किया जा सकता है

सी] विभिन्न प्रकार की गति उपलब्ध है

डी] धुरीकोकिसीभीस्थितिमेंलायाजासकताहै

piller

drilling machine   drilling-machine-spindle

83] अभ्यास का बिंदु कोण निर्भर करता है...

ए] ड्रिल का आकार

बी] मशीन का प्रकार

सी] कामकीसामग्री

डी] ड्रिल का आरपीएम

84] एक मानक ड्रिल के लिए बिंदु कोण है...

ए] 60॰

बी] 108॰

सी] 118॰

डी] 135०

85] पेचदार कोण निर्धारित करता है...

ए] कटिंग एंगल

बी] कोण चबाना

सी] रेककोण

डी] होंठ कोण

86] ड्रिल का निकासी कोण किसके बीच है...

ए] 3० से 5०

बी] 8० से 12०

सी] 12० से 20०

डी] 15० से 20०

87] एक दूरस्थ स्थान में (बिजली उपलब्ध नहीं है) एक रेल ट्रैक को ड्रिल किया जाना है। सही ड्रिलिंग मशीन चुनें

ए] रेडियल ड्रिलिंग मशीन

बी] स्तंभ ड्रिलिंग मशीन

सी] शाफ़्टड्रिलिंगमशीन

डी] संवेदनशील ड्रिलिंग मशीन

drilling   drilling machine

ड्रिलिंग

88] एक बढ़ई द्वारा कैबिनेट बनाने के लिए इस्तेमाल की जाने वाली ड्रिलिंग मशीन एक...

ए] शाफ़्ट ड्रिलिंग मशीन

बी] रेडियल ड्रिलिंग मशीन

सी] ब्रेस्टड्रिलिंगमशीन

डी] संवेदनशील ड्रिलिंग मशीन

89] निम्नलिखित में से कौन सी ड्रिलिंग मशीन का उपयोग ड्रिलिंग छेद के लिए किया जाता है जहां बिजली उपलब्ध नहीं होती है?

ए] बेंच ड्रिलिंग मशीन

बी] स्तंभ ड्रिलिंग मशीन

सी] रीडायल ड्रिलिंग मशीन

डी] शाफ़्टड्रिलिंगमशीन

90] निम्नलिखित में से किस ड्रिलिंग मशीन का उपयोग भारी काम के लिए किया जाता है?

ए] बेंच ड्रिलिंग मशीन

बी] स्तंभ ड्रिलिंग मशीन

सी] रेडियलड्रिलिंगमशीन

डी] इलेक्ट्रिक हैंड ड्रिलिंग मशीन

91] ड्रिल चक को मशीन स्पिंडल पर किस माध्यम से रखा जाता है?

ए] आर्बर

बी] बहाव

सी] ड्रा-इन बार

डी] चक अखरोट

92] एक संवेदनशील बेंच ड्रिलिंग मशीन में विभिन्न गतियां प्राप्त की जाती हैं ----

ए] बेल्टचरखीतंत्र

बी] हाइड्रोलिक तंत्र

सी] रैक और पिनियन तंत्र

डी] कैम और अनुयायी तंत्र

72] XLDPE का पूर्ण रूप क्या है?

ए] कम घनत्व पॉली एथिलीन

बी] रेखिक कम घनत्व पॉली एथिलीन

सी] क्रॉसलिंक्डलोडेंसिटीपॉलीएथिलीन

डी] उच्च घनत्व पॉली एथिलीन

73] एमडीपीई का घनत्व कौन सा है?

ए] 0.910 से 0.929 ग्राम/सेमी3

बी] 0.930 से 0.940 ग्राम/सेमी3

सी] 0.941 से 0.965 ग्राम/सेमी3

डी] 0.100 से .200 ग्राम/सेमी3

74] कौन सा परिभाषित पॉलिमर है?

ए] पीई + पीपी

बी] पीपी + पीएस

सी] पीसी + पीपी

डी] पीए + पीसी

75] कौन सा बहुलक प्रकृति में स्वयं बुझाने वाला है?

ए] पॉली प्रोपलीन

बी] पॉली स्टाइरीन

सी] <u>पोलीविनाइलक्लोराइड</u>

डी] उच्च घनत्व पॉली एथिलीन

76] थर्मोसेटिंग प्लास्टिक क्या है?

ए] पुन: उपयोग किया जा सकता है

बी] पुनर्नवीनीकरण किया जा सकता है

सी] <u>पुनर्नवीनीकरणनहींकियाजासकता</u>

डी] बदला जा सकता है

77] रेजोल में फिनोल और फॉर्मलाडेहाइड का अनुपात क्या है?

ए] 1:2.5

बी] <u>1:1.5</u>

सी] 1.5:1

डी] 1:0.8

78] कौन सा प्लास्टिक दबने के दौरान पिघलता है और टपकता है?

ए] <u>पॉलीप्रोपलीन</u>

बी] पॉली विनाइल क्लोराइड

सी] पॉली स्टाइरीन

डी] पॉली कार्बोनेट

79] किस प्रकार का प्लास्टिक पानी पर तैरता है?

ए] पॉली प्रोपलीन और पॉली स्टाइरीन

बी] पॉली एमाइड और पॉली एसिटिलीन

सी] <u>पॉलीएथिलीनऔरपॉलीप्रोपलीन</u>

डी] पॉली कार्बोनेट और पॉली प्रोपलीन

80] कौन सा बहुलक गिराए जाने पर धात्विक ध्वनि उत्पन्न करता है?

ए] पॉली विनाइल क्लोराइड

बी] पॉली मिथाइल मेथैक्रिलेट

सी] <u>पॉलीस्टाइरीन</u>

डी] पॉली एथिलीन

81] पानी में घुलनशील बहुलक कौन सा है?

ए] पॉली ब्यूटिलीन टेरेफ्थेलेट

बी] <u>पॉलीविनायलअल्कोहल</u>

सी] पॉली एमाइड

डी] पॉली कार्बोनेट

82] किस प्रकार का बहुलक प्रकृति में पारदर्शी नहीं हो पाता है?

ए] पॉली स्टाइरीन

बी] <u>हाइडेन्सिटीपोलिथीन</u>

सी] पॉली मिथाइल मेथैक्रिलेट

डी] स्टाइरीन एक्रिलो नाइट्राइल

83] इंजीनियरिंग प्लास्टिक निम्नलिखित में से क्या हैं?

ए] <u>पॉलीएथिलीनटेरेफ्थेलेट (पीईटी)</u>

बी] पॉली विनाइल क्लोराइड

सी] पॉली स्टाइरीन

डी] पॉली विनाइल अल्कोहल

84] किस प्लास्टिक को कप फ्लो टेस्ट मिला है?

ए] क्रिस्टलीय

बी] <u>thermosetting</u>

सी] थर्मोप्लास्टिक्स

डी] फाइबर

85] UTM का पूर्ण रूप क्या है?

ए] <u>सार्वभौमिक</u>परीक्षण विधि

बी] यूरिया परीक्षण विधि

सी] यूनिवर्सल टेस्टिंग मशीन

डी] असीमित परीक्षण विधि

86] किस प्रकार की बहुलक सामग्री सार्वभौमिक रूप से अंधेरा और अपारदर्शी है?

ए] यूरिया फॉर्मलाडेहाइड

बी] पॉली कार्बोनेट

सी] पॉली स्टाइरीन

डी] <u>फिनोलफॉर्मेल्डिहाइड</u>

87] बैकलाइट क्या है?

ए] यूरिया फॉर्मलाडेहाइड

बी] <u>फिनोलफॉर्मेल्डिहाइड</u>

सी] मेलुमिन फॉर्मल्डेहाइड

डी] एपॉक्साइड राल

88] नायलॉन तैयार करने के लिए किस मोनोमर का उपयोग किया जाता है?

ए] <u>हेक्सामेथिलीनडायमाइनऔरएडिपिकएसिड</u>

बी] हेक्सा मेथिलीन डायमाइन और सैलिसिलिक एसिड

सी] हाइड्रोक्लोरिक एसिड और एडिपिक एसिड

डी] सल्फ्यूरिक एसिड और हाइड्रोजन सल्फेट

89] कुकवेयर पर कोटिंग करने के लिए किस प्लास्टिक का उपयोग किया जाता है?

ए] <u>पॉलीटेट्राफ्लोरोएथिलीन</u>

बी] पॉली प्रोपलीन

सी] पॉली विनाइल क्लोराइड

डी] पॉली कार्बोनेट

90] वॉशिंग मशीन आंदोलनकारी के लिए किस बहुलक का उपयोग किया जाता है?

ए] पॉली कार्बोनेट

बी] पॉली मिथाइल मेथैक्रिलेट

सी] <u>पॉलीप्रोपलीन</u>

डी] पॉली एमाइड

91] एथिलीन ग्लाइकॉल और टेरेफ्थेलिक एसिड से कौन सा बहुलक निर्मित होता है?

ए] पॉली विनाइल क्लोराइड

बी] पॉली टेट्रा फ्लोरो एथिलीन

सी] <u>पॉलीथीनटैरीपिथालेट</u>

डी] पॉली एमाइड

92] नॉन-ब्रेकेबल डिनरवेयर के निर्माण के लिए किस बहुलक का उपयोग किया जाता है?

ए] कम घनत्व पॉली एथिलीन

बी] <u>मेलामाइनफॉर्मलाडेहाइडराल</u>

सी] सिलिकॉन बहुलक

डी] पॉली मिथाइल मेथैक्रिलेट

93] यूरिया फॉर्मल्डिहाइड मोल्डिंग पाउडर के प्रमुख अनुप्रयोग क्या हैं?

ए] <u>इलेक्ट्रिकलऔरइलेक्ट्रॉनिक्स</u>

बी] कृषि

सी] ऑटोमोबाइल

डी] यांत्रिक

94] निम्नलिखित में से कौन-सा एक कमोडिटी थर्मोप्लास्टिक्स है?

ए] पॉली कार्बोनेट

बी] एक्रिलोनिट्राइल ब्यूटाडीन स्टाइरीन

सी] <u>कमघनत्वपॉलीथाईलीन</u>

डी] नायलॉन

95] गूंगा घंटी के आकार के परीक्षण नमूने के लिए कौन सा परीक्षण पसंद किया गया?

ए] <u>लचीला</u>

बी] फ्लेक्सुरल

सी] इज़ोड

डी] चरपी

96] पिघल प्रवाह सूचकांक परीक्षण की इकाई क्या है?

ए] जी/60 सेकंड

बी] <u>जी/10 मिनट</u>

सी] जी/1 मिनट

डी] किग्रा/10 मिनट

97] हाथ इंजेक्शन मोल्डिंग मशीन के लिए किस प्रकार के हीटर का उपयोग किया जाता है?

ए] कार्ट्रिज हीटर

बी] <u>बैंडहीटर</u>

सी] कुंडल प्रकार हीटर

डी] डूबे हुए प्रकार के हीटर

98] इंजेक्शन मोल्डिंग मशीन के किस भाग का उपयोग कच्चे माल को खिलाने के लिए किया जाता है?

ए] बैरल

बी] <u>हूपर</u>

सी] मोल्ड

डी] हीटर

99] हाथ इंजेक्शन मोल्डिंग मशीन में प्लंजर का क्या कार्य है?

ए] सामग्री को पिघलाएं

बी] <u>पिघलीहुईसामग्रीकोवेंसाँचेमेंधकेलें</u>

सी] सामग्री को ठंडा करें

डी] मोल्ड किए गए हिस्से को बाहर निकालें

100] रैक और पिनियन तंत्र से किस प्रकार की इंजेक्शन मशीन जुड़ी हुई है?

ए] <u>हाथइंजेक्शनमशीन</u>

बी] स्वचालित इंजेक्शन मशीन

सी] स्वचालित संपीड़न मशीन

डी] रोटो मोल्डिंग मशीन

101] बेदखलदार पिन का उद्देश्य क्या है?

ए] रखते हुए

बी] कूलिंग

सी] <u>बेदखल</u>

डी] इंजेक्शन

102] इंजेक्शन मोल्डिंग मशीन के काम करने में किस प्रकार के दबाव का उपयोग किया जाता है?

ए] <u>अधिकदबाव</u>

बी] कम दबाव

सी] मध्यम दबाव

डी] बहुत कम दबाव

103] साँचे का हृदय कौन सा होता है?

ए] शीर्ष प्लेट

बी] नीचे की थाली

सी] <u>कोरऔरगुहा</u>

डी] बेदखलदार प्लेट

104] चोट की ढलाई में शॉर्ट शॉट दोष के लिए कौन सा उपाय है?

ए] मोल्ड संरेखण की जांच करें

बी] मोल्ड तापमान घटाएं

सी] वेंटिंग प्रदान करें

डी] <u>बढीहुईफीड</u>

105] किस क्लैम्पिंग सिस्टम को पॉजिटिव क्लैम्पिंग सिस्टम कहा जाता है?

ए] हाइड्रोलिक क्लैंपिंग

बी] टाई बार कम चैंपिंग

सी] <u>क्लैंपिंगटॉगलकरें</u>

डी] वायवीय क्लैंपिंग

106] कौन सा क्षेत्र इंजेक्शन मोल्डिंग स्क्रू की 50% लंबाई को कवर करता है?

ए] <u>चारा</u>

बी] मीटरिंग

सी] संपीड़न

डी] पिघलना

107] पेंच और बैरल के बीच की निकासी क्या है?

ए] 0.02 मिमी

बी] 0.001 मिमी

सी] <u>0.002 मिमी</u>

डी] 0.15 मिमी

108] कौन सा क्षेत्र सकारात्मक विस्थापन पंप के रूप में कार्य करता है?

ए] फ़ीड क्षेत्र

बी] संपीड़न क्षेत्र

सी] <u>मीटरिंगक्षेत्र</u>

डी] पिघल क्षेत्र

109] कौन सा भाग गुहा को धावक से जोड़ता है?

ए] स्प्रू

बी] <u>दरवाज़ा</u>

सी] कोर

डी] बेदखलदार

110] रनर लेस मोल्ड का क्या फायदा है?

ए] चक्र समय बढ़ाएँ

बी] <u>सामग्रीकीकमबर्बादी</u>

सी] दबाव कम करें

डी] सामग्री की बढ़ी हुई बर्बादी

111] हैंडल की घूर्णी गति को सवार के ऊपर और नीचे की गति में बदलने के लिए किस भाग का उपयोग किया जाता है?

ए] हूपर

बी] हैंडल

सी] <u>रैकपिनियन</u>

डी] बैरल

112] इंजेक्शन चक्र में चक्रीय क्रम क्या हैं?

ए] <u>हूपर- बैरल - स्क्रूनोज़ल - मोल्ड</u>

बी] बैरल-हॉपर-मोल्ड-स्क्रू नोजल

सी] मोल्ड-स्क्रूनोजल-हॉपर-बैरल

डी] बैरल- स्क्रू नोजल - मोल्ड-हॉपर

113] इंजेक्शन की गति के लिए कौन सी इकाई व्यक्त की जाती है?

ए] मी/सेकंड

बी] <u>सेमी/सेकंड</u>

सी] किमी/सेकंड

डी] मिमी/सेकंड

114] इसके इंजेक्शन संचालन के दौरान पेंच की आगे की गति को क्या कहा जाता है?

ए] <u>इंजेक्शनकीगति</u>

बी] इंजेक्शन दबाव

सी] शॉट वजन

डी] इंजेक्शन दबाव

115] नोज़ल के आउटलेट सिरे को ठीक करने का नाम क्या है?

ए] मोल्ड

बी] गुहा

सी] कोर

डी] <u>स्प्रूबुश</u>

116] दिन के उजाले की परिभाषा क्या है?

ए] पेंच और बैरल के बीच की दूरी

बी] पेंच और मोटर के बीच की दूरी

सी] <u>प्लेटों के बीच की दूरी</u>

डी] हॉपर और बैरल के बीच की दूरी

117] इंजेक्शन मोल्डिंग में स्प्रू बुश किस भाग में स्थित होता है?

ए] जंगम प्लेटिन

बी] <u>स्थिर पट्ट</u>

सी] पूंछ प्लेट

डी] पेंच

118] इंजेक्शन मोल्डिंग में इजेक्टर मैकेनिज्म किस भाग में स्थित होता है?

ए] फिक्स्ड प्लेटिन

बी] <u>चल पट्ट</u>

सी] पूंछ प्लेट

डी] पेंच

119] एक स्वचालित इंजेक्शन मोल्डिंग मशीन में विकसित घर्षण गर्मी कौन सा भाग है?

ए] बैरल के बाहर

बी] नोजल के बाहर

सी] <u>बैरल के अंदर</u>

डी] हॉपर के अंदर

120] प्लास्टिक के अधिकतम वजन को एकल उत्पाद द्वारा इंजेक्ट किया जा सकता है, इसे क्या कहा जाता है?

ए] <u>शॉट वजन</u>

बी] मोल्डिंग चक्र

सी] क्षमता

डी] इंजेक्शन की गति

121] इंजेक्शन पेंच की पेचदार धातु धागा संरचना का नाम क्या है?

ए] <u>उड़ान</u>

बी] हेलिक्स कोण

सी] पिच

डी] लीड

122] पेंच का मानक हेलिक्स कोण क्या है?

ए] 15°

बी] 16 डिग्री

सी] <u>17.7°</u>

डी] 19.8°

123] कौन सी परिभाषा सही है घर्षण गर्मी कैसे उत्पन्न होती है?

ए] <u>पेंचकीगति</u>

बी] पिघल की गति

सी] मोल्ड का आंदोलन

डी] सामग्री की आवाजाही

124] इंजेक्शन मोल्डिंग मशीन में कौन सा भाग "वेंट" प्रदान करता है?

ए] <u>बैरल</u>

बी] पेंच

सी] नोजल

डी] शीतलन प्रणाली

125] गुहा के प्रवेश द्वार पर कौन सा भाग खुला है?

ए] धावक

बी] <u>दरवाज़ा</u>

सी] कोर

डी] स्प्रू

126] किस प्रकार के मोल्ड को रनर लेस मोल्ड कहा जाता है?

ए] संपीड़न मोल्ड

बी] ब्लो मोल्ड

सी] कोल्ड रनर मोल्ड

डी] <u>हॉटरनरमोल्ड</u>

127] क्लैम्पिंग सिस्टम का नाम क्या है जिसमें दो बार एक साथ अंत से अंत तक एक धुरी से जुड़े होते हैं?

ए] टाई-बार कम क्लैंपिंग

बी] हाइड्रो मैकेनिकल क्लैम्पिंग

सी] <u>क्लैंपिंगटॉगलकरें</u>

डी] हाइड्रोलिक क्लैंपिंग

128] क्लैम्पिंग सिस्टम का नाम क्या है कि मोल्ड प्लेटिन आकार पर कोई सीमा नहीं है?

ए] टाई-बारकमक्लैंपिंग

बी] हाइड्रो मैकेनिकल क्लैम्पिंग

सी] क्लैंपिंग टॉगल करें

डी] हाइड्रोलिक क्लैंपिंग

129] प्लास्टिक की पिघली हुई अवस्था में हर समय किस प्रकार का साँचा पाया जाता है?

ए] ठंडा धावक

बी] फुर्तीलाधावक

सी] दो प्लेट

डी] तीन प्लेट

130] नॉकआउट पिन, स्ट्रिपर, ब्लेड आदि को शामिल करने वाली कौन सी इकाई है?

ए] शीतलन प्रणाली

बी] इंजेक्शन प्रणाली

सी] क्लैंपिंग सिस्टम

डी] इजेक्शनसिस्टम

131] दिए गए प्रतीकों में से कौन सा पीएलसी का आउटपुट है?

ए] मैनुअल स्विच

बी] एलार्म

सी] रिले

डी] सेंसर

132] पीएलसी का मस्तिष्क कौन सा भाग है?

ए] प्रोसेसर

बी] एनालॉग

सी] इनपुट

डी] आउट पुट

133] दिए गए प्रतीक में से कौन PLC का इन पुट है?

ए] मोटर्स

बी] लैंप

सी] अलार्म

डी] सेंसर

134] घंटों/उपलब्ध घंटों में डाउन टाइम की परिभाषा क्या है?

ए] <u>रखरखावप्रभावशीलता</u>

बी] टूटने की आवृति

सी] रखरखाव योजना की प्रभावशीलता

डी] शून्य डाउन टाइम

135] उपकरण खराब होने के बाद किस प्रकार का रखरखाव किया जाता है?

ए] रखरखाव बंद करें

बी] <u>ब्रेकडाउनरखरखाव</u>

सी] निवारक रखरखाव

डी] सुधारात्मक रखरखाव

136] इलेक्ट्रिक मोटर की बेल्ट किस प्रकार के रखरखाव को तोड़ा जाता है?

ए] <u>सुधारात्मक</u>

बी] अनुसूचित

सी] निवारक रखरखाव

डी] समय पर

137] हाइड्रोलिक पावर यूनिट में किस प्रकार के घटक का उपयोग किया जाता है?

ए] दबाव नापने का यंत्र

बी] फिलर गेज

सी] <u>वाल्व</u>

डी] जलाशय

138] किस प्रकार का वाल्व एक कंप्रेसर के जलाशय में हवा देता है, लेकिन इसे बाहर नहीं निकलने देता है?

ए] <u>वाल्वजांचें</u>

बी] रिसीवर वाल्व

सी] नियंत्रण वाल्व

डी] तीन तरह से वाल्व

139] किस प्रकार का वाल्व वायु प्रवाह को प्रतिबंधित करता है?

ए] शटल वाल्व

बी] दिशा नियंत्रण वाल्व

सी] एकल अभिनय सिलेंडर

डी] <u>सांसरोकनाकाद्वार</u>

140] हाइड्रोलिक सिस्टम में कौन सा भाग द्रव प्रवाह को यांत्रिक गति में परिवर्तित करता है?

ए] छलनी

बी] <u>गतिदेनेवाला</u>

सी] संचायक

डी] पंप

141] तेल को ठोस संदूषण से मुक्त रखने के लिए जिम्मेदार घटक का नाम क्या है?

ए] पंप्स

बी] संचायक

सी] <u>छलनीऔरफिल्टर</u>

डी] वाल्व

142] हाइड्रोलिक सिस्टम के हृदय का नाम क्या है?

ए] वाल्व

बी] <u>पंप</u>

सी] संचायक

डी] तेल टैंक

143] पिस्टन के दोनों किनारों पर किस प्रकार के हाइड्रोलिक सिलेंडर का उपयोग किया जाता है?

ए] डुप्लेक्स सिलेंडर

बी] <u>डबलअभिनयसिलेंडर</u>

सी] एकल अभिनय सिलेंडर

डी] वायवीय सिलेंडर

144] हाथ इंजेक्शन मोल्डिंग मशीन का कौन सा हिस्सा कूलिंग के उद्देश्य से जुड़ा हुआ है?

ए] बैरल

बी] हीलर

सी] <u>हूपरथ्रोट</u>

डी] नोजल

145] हाथ इंजेक्शन मोल्डिंग मशीन में किस प्रकार के कच्चे माल का उपयोग किया जाता है?

ए] शीट

बी] तरल

सी] पाउडर

डी] <u>granules</u>

146] हाथ इंजेक्शन मोल्डिंग में कौन सा विकल्प सही है?

ए] पिघल अधिक सजातीय है

बी] <u>पिघलसजातीयनहींहै</u>

C] मेल्ट्स का शियरिंग

डी] पिघल का अशांत प्रवाह

147] इंजेक्शन मोल्डिंग मशीन की क्षमता निर्धारित करने के लिए मानक के रूप में किस सामग्री का उपयोग किया जाता है?

ए] पॉली कार्बोनेट

बी] <u>पॉलीस्टाइरीन</u>

सी] उच्च घनत्व पॉली एथिलीन

डी] पॉली एमाइड

148] इंजेक्शन मोल्डिंग चक्र में प्राथमिक कदम क्या है?

ए] इंजेक्शन

बी] इजेक्शन

सी] कूलिंग

डी] <u>समापन</u>

149] इंजेक्शन मोल्डिंग में द्रव के रिसाव को रोकने के लिए किस भाग का उपयोग किया जाता है?

ए] लिडो

बी] कैप

सी] <u>ओ´´ रिंग</u>

डी] बेदखलदार पिन

150] इंजेक्शन मोल्डिंग में सिंक के निशान दोष के लिए कौन सा उपाय है?

ए] अपर्याप्त दबाव

बी] <u>दबावपरपकड़बढ़ाएं</u>

सी] खराब भाग डिजाइन

डी] अत्यधिक

151] इंजेक्शन मोल्डिंग में वारपेज दोष के लिए उपाय क्या है?

ए] उच्च पिघल तापमान

बी] सामग्री की गिरावट

सी] <u>पर्याप्तशीतलन</u>

डी] संदूषण

152] इंजेक्शन मोल्डिंग में सिल्वर स्ट्रीक दोष के लिए क्या उपाय है?

ए] <u>पूर्वसुखाने</u>

बी] गर्मी कम करें

सी] इंजेक्शन का दबाव कम करें

डी] टन भार बढ़ाएँ

153] इंजेक्शन मोल्डिंग के क्लैम्पिंग बल को व्यक्त करने के लिए किस शब्दावली का उपयोग किया जाता है?

ए] वापस चूसो

बी] <u>टनभार</u>

सी] पिछला दबाव

डी] आरपीएम

154] इंजेक्शन मोल्डिंग स्क्रू की गहराई से आप क्या समझते हैं?

ए] <u>शीर्षसतहसेजड़कीसतहतकलंबवतदूरी</u>

बी] पेंच धागे के बीच का कोण

C] यह क्षैतिज दूरी है

डी] खाली जगह

155] कौन सा भाग इंजेक्शन के दौरान सामग्री के पीछे के प्रवाह को रोकता है?

ए] राहत मूल्य

बी] <u>गैरवापसीमूल्य</u>

सी] प्रवाह नियंत्रण मूल्य

डी] मूल्य की रक्षा करें

156] निम्नलिखित में से कौन सा हिस्सा बैरल और मोल्ड के बीच लीक प्रूफ कनेक्शन देता है? ए] धावक

बी] गेट

सी] स्प्रू

डी] <u>नोक</u>

157] फ्लोटिंग प्लेट से कौन सा मोल्ड जुड़ा हुआ है?

ए] <u>तीनप्लेटमोल्ड</u>

बी] दो प्लेट मोल्ड

सी] रनर कम मोल्ड

डी] स्प्लिट मोल्ड

158] टाई बार का क्या कार्य है?

ए] <u>प्लेटिनमूवमेंट</u>

बी] पिघलने

सी] उत्पाद के आकार के लिए

डी] ट्रिमिंग

159] प्लेटिन को मोल्ड से खुले में ले जाने का क्या कार्य है?

ए] <u>दिनकाप्रकाश</u>

बी] उद्घाटन स्ट्रोक

सी] मोल्ड ऊंचाई

डी] मोल्ड संकोचन

160] अगले शॉट की तैयारी में पेंच पर लगाए गए दबाव की मात्रा को क्या कहा जाता है?

ए] इंजेक्शन दबाव

बी] इजेक्शन प्रेशर

सी] <u>वापसदबाव</u>

डी] हाइड्रोलिक दबाव

161] टॉरपीडो का क्या कार्य है?

ए] मिश्रण

बी] संपीड़न अनुपात बढ़ाएँ

सी] <u>द्रव्यमानअनुपातमेंस्थानबढ़ानेकेलिए</u>

डी] एल/डी अनुपात

162] इंजेक्शन मोल्डिंग प्रक्रिया में टेपर नोजल को उलटने के लिए किस सामग्री का उपयोग किया जाता है?

ए] पॉली कार्बोनेट

बी] पॉली प्रोपलीन

सी] पॉली एथिलीन

डी] <u>नायलॉन</u>

163] इंजेक्शन मोल्डिंग मशीन में शट ऑफ नोजल का क्या कार्य है?

ए] उचित मिश्रण

बी] <u>नियंत्रितडोलिंग</u>

सी] पिघलना

डी] मोल्डिंग

164] मोल्ड रनर का क्या कार्य है?

ए] वेंट ट्रैप्ड एयर

बी] मोल्ड गुहा में प्रवेश प्रदान करें

सी] मोल्ड बिदाई लाइन को परिभाषित करें

डी] <u>मोल्डगेट्सकेलिएएकरास्ताप्रदानकरें</u>

165] इंजेक्शन मोल्डिंग मशीन में किस सामग्री का मूल्यांकन किया जाता है?

ए] पॉली कार्बोनेट

बी] <u>पॉलीस्टाइरीन</u>

सी] पॉली प्रोपलीन

डी] पॉली अमाइड

166] कौन सा क्षेत्र सकारात्मक विस्थापन पंप के रूप में कार्य करता है?

ए] फ़ीड क्षेत्र

बी] पैमाइशक्षेत्र

सी] संपीड़न क्षेत्र

डी] पिघलने वाला क्षेत्र

167] गति को नियंत्रित करने और रोकने के लिए अधिक कठिन गति के लिए कौन सा क्लैम्पिंग सिस्टम चुना गया है?

ए] हाइड्रोलिक

बी] टॉगल

सी] प्रत्यक्ष

डी] जैक राम

168] इंजेक्शन मोल्डिंग में माइक्रोप्रोसेसर आधारित प्रक्रिया नियंत्रकों के क्या फायदे हैं?

ए] समयमेंकमीसेटकरें

बी] अतिरिक्त फ्लैश

सी] नियंत्रित करने में मुश्किल

डी] कठिन प्रक्रिया

169] पीएलसी में लैडर लॉजिक डायग्राम का क्या उद्देश्य है?

ए] भाषा की शैली

बी] प्रतीकात्मकभाषा

सी] डिजिटल भाषा

डी] एनालॉग भाषा

170] पीएलसी का उपयोग करने की प्रक्रिया क्या है?

ए] केवल क्रमादेशित

बी] क्रमादेशितऔरपुन: क्रमादेशित

सी] केवल पुन: क्रमादेशित

डी] धीमी क्रमादेशित

171] रखरखाव के लिए अनुक्रम दृष्टिकोण क्या है?

ए] समस्या-कारण-निदान-सुधार

बी] समस्या-निदान-कारण-सुधार

सी] समस्या-माप-निदान-सुधार

डी] समस्या-निदान-माप-सुधार

172] निवारक रखरखाव लागत और ब्रेकडाउन रखरखाव लागत के बीच तुलना क्या है?

ए] पीएम लागत बढ़ाएं और बीएम लागत बढ़ाएं

बी] <u>पीएमलागतबढ़ाएंऔरबीएमलागतघटाएं</u>

सी] वही रहें

डी] पीएम लागत घटाएं और बीएम लागत बढ़ाएं

173] ब्रेकडाउन रखरखाव और निवारक रखरखाव के बीच क्या संबंध है?

ए] संयुक्त

बी] <u>समझौता</u>

सी] ब्रिज

डी] अलग

174] हाइड्रोलिक पावर यूनिट में किस एक्सेसरी का उपयोग किया जाता है?

ए] पंप्स

बी] वाल्व

सी] मोटर

डी] <u>जलाशय</u>

175] हाइड्रोलिक सिस्टम में उपयोग किए जाने वाले सकारात्मक विस्थापन पंप का कार्य क्या है?

ए] <u>द्रवकीउच्चचिपचिपाहट</u>

बी] कम दक्षता

सी] तरल पदार्थ की आवश्यक मात्रा का निर्वहन नहीं किया जा सकता है

डी] द्रव प्रवाह बहुत कम है

176] हाइड्रोलिक सिस्टम पर कौन सी वैज्ञानिक परिभाषाएं लागू होती हैं?

ए] बर्नौली का नियम

बी] <u>पास्कलकानियम</u>

C] बॉयल का नियम

डी] द्रव प्रवाह

177] रिलीफ वाल्व का क्या कार्य है?

ए] मुक्त प्रवाह

बी] <u>अधिकतमलाइनदबावकोनियंत्रितकरें</u>

सी] गति को नियंत्रित करने के लिए

डी] दिशा को नियंत्रित करें

178] हाइड्रोलिक सिस्टम में प्रयुक्त होने वाला कौन सा घटक प्रवाह शुरू करना, रोकना और उलटना है?

ए] <u>वाल्व</u>

बी] पंप

सी] छलनी और फिल्टर

डी] फ़िल्टर

179] कम्प्रेशन माउंटिंग में प्रसंस्करण के लिए आदर्श सामग्री क्या है?

ए] प्लास्टिस

बी] थर्मोप्लास्टिक्स

सी] <u>थर्मोसेटिंगप्लास्टिक</u>

डी] गैर फेमस सामग्री

180] किस प्लास्टिक मोल्डिंग प्रक्रिया के लिए उच्च दबाव की आवश्यकता होती है?

ए] झटका मोल्डिंग प्रक्रिया

बी] इंजेक्शन मोल्डिंग प्रक्रिया

सी] <u>संपीड़नमोल्डिंगप्रक्रिया</u>

डी] घुसपैठ झटका प्रक्रिया

181] संपीड़न मोल्डिंग प्रक्रिया के लिए क्या आवश्यकता है?

ए] हीट

बी] दबाव

सी] <u>गर्मीऔरदबाव</u>

डी] वायु, गर्मी और दबाव

182] संपीड़न मोल्डिंग प्रक्रिया के लिए किस यौगिक सामग्री का उपयोग किया जाता है?

ए] एफआरपी

बी] पीवीसी

सी] पॉलीप्रोपाइलीन

डी] <u>फिनोलफॉर्मेल्डिहाइड</u>

183] संपीड़न मोल्डिंग प्रक्रिया के उत्पादन में किस प्रक्रिया का उपयोग किया जाता है?

ए] खुली प्रक्रिया

बी] बंद प्रक्रिया

सी] <u>बैचप्रक्रिया</u>

डी] सतत प्रक्रिया

184] हैंड कम्प्रेशन मोल्डिंग मशीन में प्लेटों को दबाने की क्या व्यवस्था है?

ए] <u>लीवरटॉगलकरें</u>

बी] हाइड्रोलिक

सी] रैक और पिनियन

डी] गियर्स

185] हैंड कम्प्रेशन मोल्डिंग मशीन में किस आकार के कंपोनेंट का उत्पादन किया जाता है?

ए] <u>छोटा</u>

बी] बड़ा

सी] गहरा

डी] बड़ा और गहरा

186] सेमी-ऑटोमैटिक कम्प्रेशन मोल्डिंग मशीन में किस आकार के कंपोनेंट का उत्पादन किया जाता है?

ए] छोटा

बी] बड़ा

सी] गहरा

डी] <u>बड़ाऔरगहरा</u>

187] संपीड़न मोल्डिंग में किस प्रकार के सांचे का उपयोग किया जाता है?

ए] एक प्लेटर मोल्ड

बी] <u>दोप्लेटरमोल्ड</u>

सी] तीन प्लेटर मोल्ड

डी] चार प्लेटर मोल्ड

188] संपीड़न मोल्डिंग प्रक्रिया में मोल्डिंग के लिए किस प्रकार की मोल्ड गुहाएं मुश्किल होती हैं?

ए] छोटा गुहा मोल्ड

बी] सिंगल कैविटी मोल्ड

सी] <u>मल्टीकैविटीमोल्ड</u>

डी] बड़ी गुहा मोल्ड

189] थर्मोसेट प्लास्टिक में गर्मी और दबाव से रासायनिक क्रॉस लिंक बनने की प्रक्रिया क्या है?

ए] <u>इलाज</u>

बी] सफाई

सी] ताप

डी] परगिंग

190] संपीड़न मोल्डिंग में किस प्रकार के मोल्ड को सटीक भारित चार्ज सामग्री की आवश्यकता होती है?

ए] फ्लैश मोल्ड

बी] <u>सकारात्मकमोल्ड</u>

सी] लैंडेड मोल्ड

डी] अर्ध-सकारात्मक मोल्ड

191] अतिरिक्त उत्पाद से फ्लैश को कैसे हटाया जाता है?

ए] मोल्डिंग

बी] ट्रिमिंग

सी] ताप

डी] कूलिंग

192] अत्यधिक घर्षण के साथ मोल्ड के खुलने पर कौन सा दोष उत्पन्न होगा?

ए] फ्लैश मोल्ड

बी] निशान

सी] कट के तहत

D] डाई लाइन्स

193] संपीड़न मोल्डिंग प्रक्रिया में शॉर्ट शॉट दोष के लिए क्या उपाय हैं?

ए] चार्जवजनबढ़ाएं

बी] मोल्ड बंद करने की गति कम करें

सी] मोल्ड तापमान बढ़ाएँ

डी] सांस लेने का समय कम करें

194] कम्प्रेशन मोल्डिंग मशीन के लिए समय-समय पर क्या आवश्यक है?

ए] कूलिंग

बी] ताप

सी] पानी देना

डी] ओवरहॉलिंग

195] बर्तन के तल में बचे स्क्रैप और ट्रांसफर मोल्ड में स्प्रू का क्या नाम है?

ए] चुनना

बी] फ्लैश

सी] स्ट्रीक्स

डी] पेक्स

196] स्थानांतरण मोल्डिंग प्रक्रिया के लिए मोल्ड में कितनी प्लेटें हैं?

ए] एक प्लेट

बी] दो प्लेट

सी] तीनप्लेट

डी] चार प्लेट

197] संपीड़न मोल्डिंग में मोल्ड से निकलने वाली अतिरिक्त सामग्री क्या है?

ए] ड्रोल

बी] चमक

सी] स्क्रैप

डी] फफोले

198] किस प्लास्टिक सामग्री में उनकी आणविक संरचना में मजबूत क्रॉस लिंकिंग होती है?

ए] थर्माप्लास्टिक सामग्री

बी] <u>थर्मोसेटिंगसामग्री</u>

सी] थर्मो सॉफ्टिंग सामग्री

डी] थर्मो स्टेटिंग सामग्री

199] ARALDITE´ के लिए रासायनिक सम्मिश्रण क्या है?

ए] पीवीसी

बी] विनील

सी] <u>एपॉक्सी</u>

डी] फेनोलिक्स

200] BAKELITE´ के लिए रासायनिक सम्मिश्रण क्या है?

ए] पीवीसी

बी] <u>फेनोलिक्स</u>

सी] पॉलीस्टर

डी] यूरिया फॉर्मलाडेहाइड

201] Bactile´ के लिए रासायनिक सम्मिश्रण क्या है?

ए] पीवीसी

बी] <u>यूरियाफोरमलदहयद</u>

सी] सेलूलोज़ एसीटेट

डी] पॉलीस्टर

202] संपीड़न मोल्डिंग प्रक्रिया में गाइड पिलर का उद्देश्य क्या है?

ए] आकार बनाए रखने के लिए

बी] दबाव बनाए रखने के लिए

सी] दूरी में सुधार करने के लिए

डी] <u>संरेखणसुनिश्चितकरनेकेलिए</u>

203] कौन सी मोल्डिंग प्रक्रिया सांस लेने से जुड़ी है?

ए] स्थानांतरण मोल्डिंग

बी] इंजेक्शन मोल्डिंग

सी] <u>संपीडनमोल्डिंग</u>

डी] एक्सट्रूज़न मोल्डिंग

204] जब उत्पाद प्लेटों से चिपकता नहीं है तो किस सामग्री का उपयोग किया जाता है?

ए] ट्यूब

बी] <u>शीट्स</u>

सी] तेल

डी] पानी

205] मोनोमर्स को जोड़ने की कौन सी प्रक्रिया प्लास्टिक की ताकत बढ़ाती है?

ए] रैखिक लिंकिंग

बी] चेन लिंकिंग

सी] <u>क्रॉसलिंकिंग</u>

डी] विरूपण

206] कंप्रेशन मोल्डिंग मशीन को निर्दिष्ट करने के लिए मुख्य मानदंड कौन सा है?

ए] <u>प्रेसटनभारमेंटन</u>

बी] उत्पादन की दर

सी] मशीन का क्षेत्र

डी] मशीन की लागत

207] संपीड़न मोल्डिंग में कच्चे माल को पहले से गरम करने का क्या फायदा है?

ए] फ्लैश बढ़ाएं

बी] ताकत कम करें

सी] प्रवाह को कम करें

डी] <u>मोल्डिंगदबावकमकरें</u>

208] संपीड़न मोल्डिंग में कच्चे माल को पहले से गरम करने का क्या फायदा है?

ए] इलाज का समय बढ़ाएं

बी] <u>चक्रसमयघटाएं</u>

सी] ताकत कम करें

डी] आंतरिक तनाव बढ़ाएँ

209] अपस्ट्रोक प्रेस कम्प्रेशन मोल्डिंग मशीन में प्लेट्स की गति कैसे होती है?

ए] <u>निचलापट्टऊपरकीओरबढताहै</u>

B] शीर्ष प्लेटन ऊपर की ओर बढ़ता है

C] निचला पट्ट नीचे की ओर गति करता है

डी] शीर्ष प्लेटिन नीचे की ओर बढ़ता है

210] डाउन स्ट्रोक प्रेस कंप्रेशन मोल्डिंग मशीन में प्लेट्स की गति कैसे होती है?

ए] निचला प्लेट ऊपर की ओर बढ़ता है

B] शीर्ष प्लेटन ऊपर की ओर बढ़ता है

C] निचला पट्ट नीचे की ओर गति करता है

डी] शीर्षप्लेटिननीचेकीओरचलतीहै

211] वाष्पशील गैसों के लिए क्या शब्द है जो संपीड़न मोल्डिंग के दौरान मोल्ड से बच जाते हैं?

ए] आकार देना

बी] कलिंग

सी] सांसलेना

डी] चमकती

212] जो उत्पाद के लिए अच्छी सतह खत्म करने में सक्षम बनाता है?

ए] कोर की संख्या

बी] गुहा की गहराई

सी] मोल्डकीसतहकीगुणवत्ता

डी] प्लेटिन का आकार

213] संपीड़न मोल्डिंग प्रक्रिया में ब्लिस्टर गठन दोष का कारण क्या है?

ए] अधिक इलाज का समय

बी] अधिक सांस लेने का समय

सी] उच्चमोल्डतापमान

डी] कम मोल्ड तापमान

214] कम्प्रेशन मोल्ड के कच्चे माल में नमी होने पर क्या दोष होता है?

ए] वारपेज

बी] ब्लिस्टरिंग

सी] मोटी फ्लैश

डी] मोल्ड स्टिकिंग

215] संपीड़न मोल्डिंग प्रक्रिया में संतरे के छिलके के दोष के लिए क्या उपाय हैं?

ए] मोल्डतापमानकमकरें

बी] नरम सामग्री का उपयोग करें

सी] मोल्ड को तेजी से बंद करें

डी] सांस लेने का समय कम करें

216] कंप्रेशन मोल्डिंग में उत्पाद की सतह के "सुस्त दिखने" का क्या कारण है?

ए] कममोल्डतापमान

बी] पॉलिश मोल्ड

सी] मोल्ड क्लोजिंग शोली

डी] पहले से गरम तापमान बढ़ाएँ

217] अगर इजेक्शन के दौरान हिस्सा साँचे से चिपक जाता है तो क्या होगा?

ए] फफोले

बी] स्ट्रीक्स

सी] खुर

डी] वेल्ड लाइन

218] क्या होगा मोल्ड से चिपके हुए हिस्से को छोड़ने के लिए अत्यधिक बल लगाया जाता है? ए] फफोले

बी] खुर

सी] स्ट्रीक्स

डी] वेल्ड लाइन

219] संपीड़न मोल्डिंग के उत्पाद में सरंध्रता का कारण क्या है?

ए] कमदबाव

बी] कम मोल्डिंग तापमान

सी] पहले से गरम सामग्री

डी] उच्च श्वास समय

220] संपीड़न मोल्डिंग प्रक्रिया में दीवार की मोटाई बढ़ाने पर क्या दोष ठीक किया जाएगा?

ए] बर्न मार्क

बी] वेल्ड लाइन

सी] संकोचन

डी] प्रवाह चिह्न

221] जटिल और जटिल भागों को बनाने के लिए किस प्रक्रिया का उपयोग किया जाता है?

ए] इंजेक्शन मोल्डिंग

बी] स्थानांतरणमोल्डिंग

सी] संपीड़न मोल्डिंग

डी] झटका मोल्डिंग

222] ट्रांसफर मोल्डिंग प्रक्रिया के लिए प्रीफॉर्मिंग का उद्देश्य क्या है?

ए] बड़े हिस्से का उत्पादन करने के लिए

बी] रंगीन भागों का उत्पादन करने के लिए

सी] धातुकेइंसर्टकेसाथभागोंकाउत्पादनकरनेकेलिए

डी] खोखले भागों का उत्पादन करने के लिए

223] किस मोल्डिंग प्रक्रिया में स्प्रू, रनर और गेट होते हैं?

ए] स्वचालित संपीड़न मोल्डिंग

बी] स्थानांतरणमोल्डिंग

सी] हाथ संपीड़न मोल्डिंग

डी] घूर्णी मोल्डिंग

224] उस प्रक्रिया का क्या नाम है जिसमें सामग्री को एक कक्ष में पहले से गरम किया जाता है और दूसरे कक्ष में ताप और दबाव के द्वारा ढाला जाता है?

ए] संपीड़न मोल्ड

बी] स्थानांतरणमोल्ड

सी] घूर्णी मोल्ड

डी] हाथ ले-अप

225] सेमी-ऑटोमैटिक कंप्रेशन मोल्डिंग प्रक्रिया में मैन्युअल रूप से कौन से ऑपरेशन किए जाते हैं? ए] प्लेटिन आंदोलन

बी] मोल्ड को संपीड़ित करें

सी] उत्पाद का इलाज

डी] लोडिंग, अनलोडिंगऔरसफाई

226] सेमी-ऑटोमैटिक मोल्डिंग मशीन में प्लेट प्रेस करने की क्या व्यवस्था है?

ए] गियर्स

बी] जलगतिविज्ञान

सी] लीवर टॉगल करें

डी] रैक और पिनियन

227] किस प्रक्रिया में रेजिन और फाइबर दोनों एक साथ मोल्ड में फैले हुए हैं?

ए] हैंड-लेअप

बी] स्प्रेकरें

सी] वैक्यूम बैग

डी] दबाव बैग

228] छोटे और बड़े प्रबलित पॉलिएस्टर उत्पाद के निर्माण के लिए किस प्रक्रिया का उपयोग किया जाता है? ए] हाथरखना

बी] स्प्रे अप

सी] वैक्यूम बैग

डी] दबाव बैग

229] सीमित उत्पादन और जटिल घटकों को बनाने के लिए कौन सी प्रक्रिया उपयुक्त है?

ए] वैक्यूमबैगमोल्डिंग

बी] हाथ ले-अप

सी] स्प्रे अप

डी] दबाव बैग

230] वैक्यूम और प्रेशर बैग मोल्डिंग का संयोजन कौन सी प्रक्रिया है?

ए] <u>ऑटो-क्लेव</u>

बी] दबाव बैग

सी] वैक्यूम बैग

डी] हाथ ले-अप

231] एफआरपी में किस प्रकार के फाइबर का व्यापक रूप से उपयोग किया जाता है?

ए] एस्बेस्टस फाइबर

बी] सिरेमिक फाइबर

सी] केला फाइबर

डी] <u>ग्लासफाइबर</u>

232] एफआरपी में इलाज की दर बढ़ाने के लिए किस प्रकार की सामग्री का उपयोग किया जाता है?

ए] स्नेहक

बी] उत्प्रेरक

सी] अवरोधक

डी] <u>त्वरक</u>

233] फफोले के लिए कौन सी सामग्री आम है?

ए] <u>ग्रेफाइट, सिलिकॉनकार्बाइड</u>

बी] ग्लास, बोरॉन

सी] स्टील, टंगस्टन

डी] पॉलिमर, चीनी मिट्टी की चीज़ें

234] 'एफआरपी' का विस्तार क्या है?

ए] <u>फाइबरप्रबलितप्लास्टिक</u>

बी] फाइबर प्रबलित पैनल

सी] शीसे रेशा प्रबलित पैनल

डी] शीसे रेशा प्रबलित प्लाईवुड

235] फाइबर ग्लास का क्या अर्थ है?

ए] ग्लास प्रबलित एपॉक्सी

बी] सिरेमिक प्रबलित पॉलिएस्टर

सी] <u>ग्लासप्रबलितपॉलिएस्टर</u>

डी] मेलामाइन प्रबलित पॉलिएस्टर

236] निरंतर लंबाई और निरंतर क्रॉस-सेक्शनल आकार वाले घटकों के निर्माण की प्रक्रिया का नाम क्या है?

ए] रोविंग

बी] pultrusion

सी] इलाज

डी] खींचना

237] एफआरपी में सुदृढीकरण के लिए किस प्रकार के कांच को प्राथमिकता दी जाती है?

ए] ए-ग्लास

बी] सी-ग्लास

सी] ई-गिलास

डी] आर-ग्लास

238] निम्नलिखित में से कौन सी सामग्री मूंछ के लिए आम है?

ए] ग्रेफाइट, सिलिकॉनकार्बाइड

बी] ग्लास, बोरॉन

सी] स्टील, टंगस्टन

डी] पॉलिमर, चीनी मिट्टी की चीज़ें

239] कौन सी प्रक्रिया तकनीक जेल कोट का उपयोग करती है?

ए] इंजेक्शन मोल्डिंग

बी] संपीड़न मोल्डिंग

सी] एक्सट्रूज़न मोल्डिंग

डी] हाथरखना

240] एफआरपी लेख बनाने में किस प्रक्रिया का उपयोग किया जाता है?

ए] इंजेक्शन मोल्डिंग

बी] झटका मोल्डिंग

सी] हाथरखना

डी] स्थानांतरण मोल्डिंग

241] हाथ की ले-अप प्रक्रिया में एफआरपी उत्पाद के बेहतर परिष्करण के लिए किस राल का उपयोग किया जाता है?

ए] लैमिनेट

बी] चटाई परत

सी] जेलकोट

डी] पतला

242] किस एफआरपी प्रक्रिया में कम पूंजी निवेश की आवश्यकता होती है?

ए] हाथरखना

बी] पल्ट्रूज़न

सी] गर्म प्रेस मोल्डिंग

डी] फिलामेंट वाइंडिंग

243] हैंड ले-अप एफआरपी प्रोसेसिंग तकनीक से क्या जुड़ा है?

ए] <u>जेलकोट</u>

बी] पल्ट्रूज़न

सी] फाइना

डी] स्प्रे-अप

244] किस एफआरपी रेजिन की कीमत सबसे कम है?

ए] <u>पॉलिएस्टर</u>

बी] विनील एस्टर

सी] पॉली यूरेथेन

डी] एपॉक्सी

245] बड़े व्यास के पाइप बनाने के लिए कौन सी एफआरपी प्रसंस्करण तकनीक है?

ए] हाथ ले-अप

बी] स्प्रे-अप

सी] पल्ट्रूज़न

डी] <u>तंतुवक्र</u>

246] किस प्रक्रिया में प्रबलिंग रेजिन को चूसा जाता है?

ए] पल्ट्रूज़न

बी] फिलामेंट वाइंडिंग

सी] <u>वैक्यूमइन्फ्यूजन</u>

डी] राल स्थानांतरण मोल्डिंग

247] कौन सा एफआरपी मोल्ड पर बंदूक के माध्यम से उत्प्रेरित राल फ़ीड को संसाधित करता है?

ए] हाथ ले-अप

बी] <u>स्प्रे-अप</u>

सी] फिलामेंट वाइंडिंग

डी] पल्ट्रूज़न

248] एफआरपी मोल्ड बनाने के लिए आमतौर पर किस सामग्री का उपयोग किया जाता है?

ए] स्टील

बी] एल्यूमिनियम

सी] कंक्रीट

डी] <u>जीआरपी</u>

249] कौन सी प्रक्रिया स्टील मोल्ड का उपयोग करती है?

ए] हाथ लेप

बी] <u>गर्मप्रेसमोल्डिंग</u>

सी] वैक्यूम बैग मोल्डिंग

डी] आटोक्लेव मोल्डिंग

250] निम्नलिखित में से कौन सी प्रक्रिया एपॉक्सी मोल्ड बनाती है?

ए] <u>ढलाई</u>

बी] मशीनिंग

सी] गर्म प्रेस मोल्डिंग

डी] इंजेक्शन मोल्डिंग

251] बड़ी वस्तुओं के निर्माण के लिए कौन सी प्रक्रिया अपनाई जाती है?

ए] निरंतर पारिजन झटका मोल्डिंग

बी] <u>आंतरायिकपैरिसनझटकामोल्डिंग</u>

सी] खिंचाव झटका मोल्डिंग

डी] एक्सटेंशन पैरिसन ब्लो मोल्डिंग

252] ब्लो मोल्डिंग मशीन में किस प्रकार की ग्रेड सामग्री का उपयोग किया जाता है?

ए] निकास ग्रेड

बी] इंजेक्शन ग्रेड

सी] <u>झटकाग्रेड</u>

डी] फिल्म ग्रेड

253] ब्लो मोल्डिंग प्रक्रिया में मोल्ड को बंद करने के लिए किस प्रकार की ऊर्जा का उपयोग किया जाता है?

ए] <u>वायवीयऊर्जा</u>

बी] हाइड्रोलिक ऊर्जा

सी] संभावित ऊर्जा

डी] गतिज ऊर्जा

254] ब्लो मोल्डिंग प्रक्रिया में सॉफ्ट प्लास्टिक को फुलाने के लिए किस माध्यम का उपयोग किया जाता है?

ए] <u>हवा</u>

बी] पानी

सी] तेल

डी] नमक समाधान

255] इंजेक्शन मोल्डिंग के साथ तुलना करने पर नीचे मोल्डिंग में प्लास्टिक सामग्री पर लागू दबाव की मात्रा क्या है?

ए] समान

बी] से बड़ा

सी] <u>सेकम</u>

डी] बराबर नहीं

256] ब्लो मोल्डिंग प्रक्रिया के लिए सामग्री के एमएफआई का बेहतर मूल्य क्या है?

ए] 5 से 10

बी] 0.5 से 5

सी] 10 से 15

डी] 15 से 30

257] छोटे कंटेनरों के उत्पादन के लिए किस प्रकार की मोल्ड प्रक्रिया का उपयोग किया जाता है?

ए] <u>इंजेक्शनझटकामोल्डिंग</u>

बी] खिंचाव झटका मोल्डिंग

सी] निरंतर झटका मोल्डिंग

डी] सिंगल स्टेज ब्लो मोल्डिंग

258] मिनरल वाटर की बोतल बनाने के लिए किस प्रकार की पाली सामग्री का उपयोग किया जाता है?

ए] पीबीटी

बी] <u>पालतू</u>

सी] पीएमएमए

डी] नायलॉन

259] शीतल पेय की बोतलों के निर्माण के लिए किस प्रकार की प्रक्रिया का उपयोग किया जाता है?

ए] एक्सट्रूज़न झटका मोल्डिंग

बी] इंजेक्शन झटका मोल्डिंग

सी] <u>खिंचावझटकामोल्डिंग</u>

डी] निरंतर झटका मोल्डिंग

260] प्रीफॉर्म के साथ किस प्रकार की मोल्डिंग प्रक्रिया का उपयोग किया जाता है?

ए] इंजेक्शन झटका मोल्डिंग

बी] <u>खिंचावझटकामोल्डिंग</u>

सी] एक्सट्रूज़न झटका मोल्डिंग

डी] निरंतर झटका मोल्डिंग

261] गर्दन के गठन वाले उत्पाद के साथ किस प्रकार की मोल्डिंग प्रक्रिया का उपयोग किया जाता है?

ए] इंजेक्शन मोल्डिंग प्रक्रिया

बी] संपीड़न मोल्डिंग प्रक्रिया

सी] <u>झटकामोल्डिंगप्रक्रिया</u>

डी] एक्सट्रूज़न मोल्डिंग प्रक्रिया

262] ब्लो मोल्डिंग प्रक्रिया द्वारा किस प्रकार का उत्पाद तैयार किया जाता है?

ए] ठोस पिन

बी] बुश

सी] <u>बोतल</u>

डी] पाइप

263] डाई-हेड से ब्लो मोल्डेड आर्टिकल को काटने वाला मीडिया कौन सा है?

ए] <u>हवा</u>

बी] तेल

सी] पानी

डी] समाधान

264] ब्लो पैरिसन इन हैंड ब्लो मोल्डिंग मशीन में किस मीडिया का उपयोग किया जाता है?

ए] पानी

बी] <u>हवा</u>

सी] गैस

डी] तेल

265] ब्लो मोल्डिंग मशीन में स्क्रू स्पीड की इकाई क्या है?

ए] आरपीएस

बी] <u>आरपीएम (प्रतिमिनटक्रांति)</u>

सी] आरपीएच

डी] आरपीकेएम

266] खोखले उत्पाद बनाने के लिए कौन सी मोल्डिंग प्रक्रिया का उपयोग किया जाता है?

ए] <u>झटकामोल्डिंग</u>

बी] एक्सट्रूज़न मोल्डिंग

सी] संपीड़न मोल्डिंग

डी] इंजेक्शन मोल्डिंग

267] ब्लो मोल्डिंग प्रक्रिया में किस प्रकार के प्लास्टिक का उपयोग किया जाता है?

ए] थिरेफ्थेलेट

बी] फिनोल फॉर्मल्डहाइड

सी] <u>पालीईथीलीन</u>

डी] यूरिया फॉर्मलाडेहाइड

268] दो मोल्ड हाफ के बीच स्थित रेखा का नाम क्या है?

ए] <u>विदाईकेबोल</u>

बी] केंद्र रेखा

सी] मिलान रेखा

डी] लंबवत रेखा

269] पैरिसन को आकार देने के लिए किस भाग का उपयोग किया जाता है?

ए] मरो

बी] <u>साँचेमेंढालना</u>

सी] पंच

डी] कप

270] ब्लो मोल्ड बनाने के लिए किस सामग्री का उपयोग किया जाता है?

ए] माइल्ड स्टील

बी] <u>अल्युमीनियम</u>

सी] स्टेनलेस स्टेल

डी] उच्च कार्बन स्टेल

271] मोल्डिंग प्रक्रिया का कौन सा हिस्सा प्लास्टिक के पिघल को पैरिसन में बदल देता है?

ए] हूपर

बी] <u>विधानसभामरो</u>

सी] ब्लो पिन

डी] नोजल

272] उत्पाद की सतह पर पार्टिंग लाइन बनने का क्या कारण है?

ए] <u>कममोल्डबंददबाव</u>

बी] उच्च मोल्ड बंद दबाव

सी] उच्च पेंच गति

D] डाई सेंटरिंग उचित नहीं है

273] खोखले प्लास्टिक के पुर्जो के निर्माण की प्रक्रिया कौन-सी है?

ए] एक्सट्रूज़न मोल्डिंग

बी] इंजेक्शन मोल्डिंग

सी] <u>झटकामोल्डिंग</u>

डी] संपीड़न मोल्डिंग

274] एक सतत ब्लो मोल्डिंग प्रक्रिया कौन सी है?

ए] इंजेक्शन ब्लो मोल्डिंग

बी] खिंचाव झटका मोल्डिंग

सी] <u>बाहरनिकालनाझटकामोल्डिंग</u>

डी] झटका मोल्डिंग खड़े हो जाओ

275] किस प्रक्रिया के लिए ट्रिमिंग की आवश्यकता होती है?

ए] खिंचाव झटका मोल्डिंग

बी] इंजेक्शन मोल्डिंग

सी] <u>बाहरनिकालनाझटकामोल्डिंग</u>

डी] फिल्म एक्सट्रूज़न

276] ब्लो मोल्डिंग मशीन का निर्माण कैसे किया जाता है?

ए] केवल एक्सट्रैडर

B] केवल ब्लोइंग यूनिट

सी] <u>उड़ानेवालीइकाईकेसाथएक्सट्रैडर</u>

डी] पानी के स्नान के साथ एक्स्ट्राडर

277] ब्लो मोल्डिंग में किस राल का उपयोग किया जाता है?

ए] पीवीसी

बी] पॉलिमर

सी] थर्मोसेट्स

डी] <u>thermoplastics</u>

278] क्या साँचे में फूंक दिया जाता है, पैरिसन को ब्लो मोल्डिंग में जकड़ा जाता है?

ए] <u>हवा</u>

बी] तरल

सी] ठोस

डी] वाष्प

279] हैंड ब्लो मोल्डिंग में बोतल का आकार प्राप्त करने के लिए किसका उपयोग किया जाता है?

ए] तेल

बी] पानी

सी] <u>दबावयुक्तवायु</u>

डी] पेरिसन

280] हैंड ब्लो मोल्डिंग में स्टेबलाइजर द्वारा क्या नियंत्रित किया जाता है?

ए] <u>वोल्टेज</u>

बी] वर्तमान

सी] आयाम

डी] पावर

281] हैंड ब्लो मोल्डिंग में किस प्रकार की प्लास्टिक सामग्री का उपयोग किया जाता है?

ए] फिनोल फॉर्मलडिहाइड

बी] polyethylene

सी] एपॉक्सी

डी] पॉलिएस्टर राल

282] हैंड ब्लो मोल्डिंग प्रक्रिया के लिए मोल्ड बनाने के लिए एल्यूमीनियम का चयन क्यों किया जाता है?

ए] यहअच्छाऊष्माचालकहै

बी] सबसे भारी सामग्री

सी] मशीन के लिए कठिन

डी] संभालना मुश्किल है

283] किस ब्लो मोल्डिंग मशीन को कम निवेश की आवश्यकता है?

ए] हाथझटकामोल्डिंग

बी] इंजेक्शन झटका मोल्डिंग

सी] एक्सट्रूज़न झटका मोल्डिंग

डी] झटका मोल्डिंग खड़े हो जाओ

284] संकीर्ण गर्दन वाले खोखले कंटेनर का उत्पादन करने के लिए कौन सी प्रक्रिया उपयुक्त है?

ए] स्थानांतरण मोल्डिंग

बी] झटकामोल्डिंग

सी] इंजेक्शन मोल्डिंग

डी] संपीड़न मोल्डिंग

285] हैंड ब्लो मोल्डिंग मशीन में मोल्ड बनाने के लिए कौन सी सामग्री उपयुक्त है?

ए] स्टील

बी] ग्रे कास्ट आयरन

सी] अल्युमीनियम

डी] सफेद कच्चा लोहा

286] ब्लो मोल्डिंग विधि में स्क्रू को कौन घुमा रहा है?

ए] मोटर

बी] प्लंजर

सी] हाइड्रोलिक सिलेंडर

डी] वायवीय प्रणाली

287] ब्लो मोल्डिंग मशीन में किस भाग ने सामग्री को एक्सट्रूडेन में डाला?

ए] पेंच

बी] हूपर

सी] सिलेंडर

डी] नोजल

288] जो पेरिस को उड़ा देता है?

ए] कम झटका दबाव

बी] उच्चझटकादबाव

सी] उच्च मात्रा

डी] कम बल

289] ब्लो मोल्डिंग मशीन के किस भाग में रेजिन गर्म होता है और मिश्रण होता है?

ए] बैरल

बी] मांडवेली

सी] हूपर

डी] मोल्ड

290] ऑटो ब्लो मोल्डिंग मशीन में स्ट्रिपर्स का क्या कार्य है?

ए] एयरइजेक्शन

बी] वायु परिसंचरण

सी] ताप

डी] कूलिंग

291] जो ब्लो मोल्डिंग में सामग्री की पिघली हुई चिपचिपाहट को बनाए रखता है?

ए] तापमान

बी] एकाग्रता

सी] दबाव

डी] कूलिंग

292] कौन सा भाग पिघले हुए प्लास्टिक को ट्यूबलर आकार में परिवर्तित करता है?

ए] हूपर

बी] बैरल

सी] मरना

डी] मोल्ड

293] वायवीय उपकरणों को कौन सी शक्ति प्रदान करता है?

ए] हवा

बी] तेल

सी] पानी

डी] पेट्रोल

294] कौन सा उपकरण ब्लो मोल्डिंग मशीन में ब्लोइंग के लिए उच्च दाब हवा की आपूर्ति करता है?

ए] पंप

बी] ब्लोअर

सी] <u>कंप्रेसर</u>

डी] डिफ्यूज़र

295] ब्लो मोल्डिंग चक्र में दानेदार मोल्डिंग सामग्री कहाँ लोड होती है?

ए] बैरल

बी] <u>हूपर</u>

सी] डाई यूनिट

डी] मोल्ड

296] ऑटो ब्लो मोल्डिंग साइकिल में स्क्रू के मीटरिंग जोन का दूसरा नाम क्या है?

ए] फ़ीड क्षेत्र

बी] <u>मिश्रणक्षेत्र</u>

सी] संक्रमण क्षेत्र

डी] ताप क्षेत्र

297] ब्लो मोल्ड में कितने भाग होते हैं ?

ए] एक पुरुष आधा

बी] <u>दोमहिलाआधा</u>

सी] एक नर और मादा आधा

डी] दो नर आधा

125] आर और सी वाले एसी श्रृंखला सर्किट में संधारित्र के माध्यम से बहने वाली धारा होगी...

ए] वोल्टेज को कम करना

बी] <u>वोल्टेजअग्रणी</u>

सी] वोल्टेज के साथ चरण में

डी] उपरोक्त में से कोई नहीं

126] यदि आरसी श्रृंखला सर्किट में आपूर्ति की आवृत्ति बढ़ा दी जाती है तो कैपेसिटिव रिएक्शन होगा

ए] <u>कम</u>

बी] वृद्धि हुई

सी] कोई प्रभाव नहीं होना

डी] उपरोक्त में से कोई नहीं

127] बिजली कंपनियां पावर फैक्टर में सुधार करने में रुचि रखती हैं

ए] <u>लाइनकरंटकमकरें</u>

बी] मोटर दक्षता में वृद्धि

C] वोल्ट-एम्पीयर बढ़ाएँ

डी] शक्ति में कमी

133] एक RL समानांतर परिपथ में, कुल धारा के विरोध को कहा जाता है...

ए] प्रतिक्रिया

बी] प्रतिरोध

सी] एक वेक्टर योग

डी] <u>प्रतिबाधा</u>

134] एसी समानांतर आरएल सर्किट में, बिजली पर समाप्त हो जाती है

ए] प्रतिबाधा

बी] <u>प्रतिरोध</u>

सी] अधिष्ठापन

डी] समाई

135] कार्बन जिंक सेल का नाममात्र आउटपुट वोल्टेज कितना है?

ए] 12वी

बी] <u>1.5V</u>

सी] 2.0 वी

डी] 2.2 वी

136] सेल श्रृंखला में जुड़े हुए हैं ..

ए] <u>आउटपुटवोल्टेजबढाएं</u>

बी] आउटपुट वोल्टेज घटाता है

सी] आंतरिक प्रतिरोध कम करें

डी] वर्तमान क्षमता में वृद्धि

146] एक सामान्य औद्योगिक आपूर्ति प्रणाली में चरणों की संख्या कितनी होती है?

एक

बी] <u>तीन</u>

सी] चार

डी] दो

147] एक 3 फेज स्टार कनेक्टेड अल्टरनेटर में, कॉइल्स का फेज अंतर होता है...

ए] <u>120०</u>

बी] 240०

सी] 60०

डी] 360०

148] डेल्टा कनेक्शन का उपयोग किया जाता है निम्नलिखित में से कोई नहीं

ए] ट्रांसमिशन लाइन ट्रांसफार्मर का प्राथमिक

बी] अल्टरनेटर वाइंडिंग

सी] वितरण ट्रांसफार्मर के माध्यमिक

डी] वितरणट्रांसफार्मरकाप्राथमिक

149] 3-फेज असंतुलित भार प्रणाली में शक्ति को मापने के लिए किस विधि का उपयोग किया जा सकता है?

ए] एक वाटमीटर विधि

बी] टोवाटमीटरविधि

सी] तीन वाटमीटर विधि

डी] तीन एमीटर विधि

150] तीन चरण, 3 तार प्रणाली में 3-हैज़ पावर को मापने के लिए दो वाटमीटर का उपयोग किया जा सकता है...

ए] संतुलित भार

बी] असंतुलित भार

सी] संतुलितऔरअसंतुलितभार

डी] संतुलित भार से बाहर

298] ब्लो मोल्डिंग का निर्माण कैसे किया जाता है?

ए] सिंगल प्लेट

बी] दोप्लेट

सी] तीन प्लेट

डी] चार प्लेट

299] ब्लो मोल्डिंग मशीन में कौन सी इकाई पैरिसन का आकार देती है?

ए] डाईयूनिट

बी] पेंच इकाई

सी] फीडिंग यूनिट

डी] क्लैंपिंग यूनिट

300] मोल्ड प्लेटर को बन्धन के लिए कौन सी प्लेट मोल्ड में फिट की जाती है?

ए] साइड प्लेट

बी] कीलककीप्लेट

सी] बैकिंग प्लेट

डी] गाइड प्लेट

301] ब्लो मोल्डिंग में डाई का कौन सा भाग होता है?

ए] खरादकाधुरा

बी] मोल्ड

सी] धावक

डी] गेट

302] डाई और मोल्ड दोनों में हम किस प्रक्रिया का उपयोग करते हैं?

ए] <u>झटकामोल्डिंग</u>

बी] इंजेक्शन मोल्डिंग

सी] घूर्णी मोल्डिंग

डी] एफआरपी

303] ब्लो मोल्डिंग मशीन के निवारक रखरखाव के रूप में पहले क्या किया जाना चाहिए?

ए] <u>बिजलीआपूर्तिमेंकटौती</u>

बी] आपूर्ति हवा

सी] आपूर्ति पानी

डी] आपूर्ति सामग्री

304] ब्लो मोल्डिंग मशीन के न्यूमेटिक सिस्टम में समय-समय पर किस हिस्से को साफ किया जाता है?

ए] <u>एफआरएलइकाई</u>

बी] मोल्ड

सी] पेंच

डी] पेरिसन

305] हर 8 घंटे में ब्लो मोल्डिंग मशीन के रखरखाव के लिए क्या किया जाता था?

ए] <u>सफाईऔरचिकनाई</u>

बी] एयर होसेस को बदलें

सी] पानी की नली बदलें

डी] विद्युतीकृत संपर्ककर्ताओं को बदलें

306] हैंड ब्लो मोल्डिंग प्रक्रिया से किस प्रकार का उत्पाद प्राप्त किया जा सकता है?

ए] बुश

बी] पाइप

सी] <u>बोतल</u>

डी] ठोस पिन

307] कौन सा झटका मोल्डिंग प्रक्रिया, सामग्री अपव्यय अधिक है?

ए] <u>हाथझटकामोल्डिंग</u>

बी] ऑटो झटका मोल्डिंग

सी] पीएलसी झटका मोल्डिंग

डी] माइक्रोप्रोसेसर झटका मोल्डिंग

308] तरल प्लास्टिक को हैंड ब्लो मोल्डिंग में मोल्ड में कैसे मजबूर किया जाता है?

ए] एकाग्रता से

बी] तापमान से

सी] <u>दबावसे</u>

डी] वैक्यूम द्वारा

309] किस ब्लो मोल्डिंग प्रक्रिया में सरल तकनीक है ?

ए] <u>हाथझटकामोल्डिंग</u>

बी] ऑटो झटका मोल्डिंग

सी] पीएलसी झटका मोल्डिंग

डी] माइक्रोप्रोसेसर झटका मोल्डिंग

310] ब्लो मोल्डिंग में सॉफ्ट प्लास्टिक को फुलाने के लिए किस माध्यम का उपयोग किया जाता है?

ए] <u>हवा</u>

बी] पानी

सी] तेल

डी] शराब

311] ब्लो मोल्डिंग में मोल्ड के साथ काम करते समय किसको पहनने की अनुमति है?

ए] <u>थर्मलदस्ताने</u>

बी] जूते

सी] काले चश्मे

डी] आस्तीन

312] ब्लो मोल्डिंग प्रक्रिया चक्र में कब सावधानी बरतनी चाहिए?

ए] मोल्ड खोलना

बी] मोल्ड क्लोजिंग

सी] <u>मोल्डखोलनाऔरढालनाबंदकरना</u>

डी] पैकेजिंग

313] जो खतरों से बचने के लिए कार्यरत हैं?

ए] <u>सेंसर</u>

बी] तार

सी] केबल्स

डी] रॉड्स

314] ब्लो मोल्डिंग साइकिल में सबसे पहले क्या किया जाता है ?

ए] कूलिंग

बी] ब्लोइंग

सी] <u>पेरिसन</u>

डी] मोल्ड क्लोजिंग

315] कौन सी मशीन प्रक्रिया कुछ समय के लिए वस्तुओं के उत्पादन के लिए रुक जाती है?

ए] <u>आंतरायिकझटकामोल्डिंग</u>

बी] निरंतर झटका मोल्डिंग

सी] खिंचाव झटका मोल्डिंग

डी] आंतरायिक झटका मोल्डिंग

316] निरंतर ब्लो मोल्डिंग प्रक्रिया में खोखले उत्पादों के उत्पादन के लिए कितने स्टेशनों की आवश्यकता होती है?

ए] <u>2</u>

बी] 3

सी] 4

डी] 1

317] ऊष्मा स्थिर सामग्री के लिए किस प्रकार के डाई का उपयोग किया जाता है?

ए] क्रॉस हेड डाई

बी] फोरपीडो हेड डाई

सी] <u>पिनहेडडाई</u>

डी] बंधनेवाला सिर मरना

318] मोल्डिंग प्रक्रिया का कौन सा भाग पैरिसन का व्यास और दीवार-मोटाई निर्धारित करता है?

ए] मोल्टर प्लास्टिक

बी] मोल्ड गुहा

सी] <u>डाईगैप</u>

डी] ब्लो पिन

319] ब्लो मोल्डिंग प्रक्रिया में डाई की आंतरिक सतह खुरदरी होने पर किस प्रकार का दोष उत्पन्न होता है?

ए] <u>सुस्तलेखसतह</u>

बी] अनुच्छेद में छेद

सी] बेंड पैरिसन

डी] लेख में बुलबुले

320] सामग्री में नमी की मात्रा के कारण कौन सा दोष होता है?

ए] <u>बबल</u>

बी] सुस्त लेख सतह

सी] बिदाई लाइन

डी] बेंड पार्सन

321] ब्लो मोल्डिंग प्रक्रिया में बेंड पैरिसन का क्या कारण है?

ए] <u>अनुचितडाईसेंटरिंग</u>

बी] क्षतिग्रस्त खराद का धुरा

सी] उच्च तापमान

डी] कम पिघला हुआ तापमान

322] मोल्डिंग प्रक्रिया में कौन से दोष डायलाइन्स फॉल्ट का कारण बनते हैं?

ए] कम पिघला हुआ टेम्परेचर

बी] उच्च पिघल tempreture

सी] <u>क्षतिग्रस्तमरयाखरादकाधुरा</u>

डी] उच्च मोल्ड बंद दबाव

323] जिसे उसके सामान्य संकेंद्रित ट्यूबलर आकार से संशोधित किया जा सकता है?

ए] बैरल

बी] नोजल

सी] <u>पेरिसन</u>

डी] स्प्रू

324] कौन सी प्रक्रिया मोल्डेड पैरिसन को दोबारा गर्म किया जाता है?

ए] <u>खिंचावझटकामोल्डिंग</u>

बी] इंजेक्शन झटका मोल्डिंग

सी] एक्सट्रूज़न झटका मोल्डिंग

डी] प्रवेश झटका मोल्डिंग

325] ब्लो मोल्डिंग में किस फॉर्मेशन तकनीक का उपयोग किया जाता है?

ए] इंजेक्शन बनाने

बी] वैक्यूम थर्मो बनाने

सी] <u>दबावथर्मोबनाने</u>

डी] झटका मोल्डिंग

326] प्लास्टिक की बोतलों के निर्माण के लिए कौन सी प्रक्रिया को प्राथमिकता दी जाती है?

ए] <u>झटकामोल्डिंग</u>

बी] कास्टिंग मरो

सी] परमाणुकरण

डी] इंजेक्शन मोल्डिंग

327] किस मोल्डिंग प्रक्रिया से दीवार की सटीक मोटाई मिलती है?

ए] इंजेक्शनझटकामोल्डिंग

बी] खिंचाव झटका मोल्डिंग

सी] एक्सट्रूज़न झटका मोल्डिंग

डी] झटका मोल्डिंग

328] ब्लो मोल्डिंग में पैरिसन बनाने के लिए संचायक प्रणाली का क्या कार्य है ?

ए] बहुत छोटा

बी] बहुतबड़ा

सी] मोटा

डी] ट्रिमर

329] हैंड ब्लो मोल्डिंग में फंसी हुई हवा को मोल्ड से कैसे हटाया जाता है?

ए] गेटिंग

बी] प्री हीटिंग

सी] उतार

डी] कूलिंग

330] ऑटो ब्लो मोल्डिंग में डाई और क्रॉस हेड असेंबली के माध्यम से किसे मजबूर किया जाता है?

ए] पिघला हुआ

बी] ड्रा

सी] प्रवाह

डी] पेरिसन

331] ब्लो मोल्डिंग में स्क्रू की लंबाई और स्क्रू के व्यास का अनुपात क्या है?

ए] पेंचएलडीअनुपात

बी] पेंच रोटेशन अनुपात

सी] पेंच संपीड़न अनुपात

डी] पेंच व्यास अनुपात

332] ब्लो मोल्डिंग में प्लास्टिक सामग्री पर इंजेक्शन मोल्डिंग की तुलना में दबाव कैसे लगाया जाता है?

ए] समान

बी] ग्रेटर

सी] कमतर

डी] न तो बराबर और न ही बड़ा

333] बड़े टैंक और ड्रम बनाने के लिए किस प्रकार की ब्लो मोल्डिंग मशीन का उपयोग किया जाता है?

ए] निरंतर पैरिसन झटका मोल्डिंग

बी] आंतरायिक पैरिसन झटका मोल्डिंग

सी] इंजेक्शन झटका मोल्डिंग

डी] इंजेक्शनखिंचावझटकामोल्डिंग

334] थर्मो कपल्स का क्या कार्य है?

ए] प्रतिरोध को मापने के लिए

बी] वर्तमान मापने के लिए

सी] तापमानमापनेकेलिए

डी] वोल्टेज मापने के लिए

335] ब्लो मोल्डिंग में पैरिसन को उत्पाद में बदलने के लिए किसका प्रयोग किया जाता है?

ए] पानी

बी] हवा

सी] पेंच

डी] क्रॉस हेड

336] ब्लो मोल्डिंग प्रक्रिया में आवश्यक न्यूनतम वायुदाब क्या है?

ए] 300kpa

बी] 400kpa

सी] 500kpa

डी] 600kpa

337] मोल्ड में वेंटिंग की कमी होने पर क्या दोष होता है?

ए] स्प्रे के निशान

बी] जलेकेनिशान

सी] जेटिंग

डी] फ्लैश

338] ब्लो मोल्डिंग में प्रक्रिया चक्र क्या है जैसा कि नीचे दिया गया है? 1)हीटिंग 2)कूलिंग 3)ब्लोइंग 4)क्लैंपिंग

ए] 4-3-1-2

बी] 4-3-2-1

सी] 1-4-3-2

डी] 1-3-2-4

339] ब्लो मोल्डिंग चक्र में पॉलीमर के तापमान को नियंत्रित करने के लिए किस उपकरण का उपयोग किया जाता है?

ए] थर्मो प्रतिरोधी

बी] थर्मामीटर

सी] थर्मोकपल

डी] ग्लास ट्यूब

340] सांचे के उस भाग को क्या कहते हैं जहां पैरिसन को निचोड़ा जाता है और एक साथ वेल्ड किया जाता है?

ए] नेक

बी] गेट

सी] चुटकीभर

डी] मंड्रेल

341] ब्लो मोल्डिंग में डाई क्षतिग्रस्त या गंदी होने पर क्या दोष होगा?

ए] सिंक मार्क

बी] फफोले

सी] डाईलाइन्स

डी] वोइ्स

342] ब्लो मोल्डिंग में मोल्ड कंपोनेंट को डिजाइन करते समय किन बातों से बचना चाहिए?

ए] त्रिज्या

बी] बेंडो

सी] पट्टिका

डी] तेजमोड

343] ब्लो मोल्डिंग मशीन में क्लैम्पिंग यूनिट का क्या कार्य है?

ए] मोल्ड को लटकाने के लिए

बी] मोल्डकोखोलनेऔरबंदकरनेकेलिए

सी] मोल्ड को जकड़ने के लिए

D] सांचे में बैठने के लिए

344] हवा बहने में नमी होने पर उत्पाद के अंदर क्या दोष पाया जाता है?

ए] सिंक मार्क

बी] पॉकमार्क

सी] वेल्ड लाइन

डी] पिघलने वाली रेखा

345] मोल्ड क्षतिग्रस्त होने पर उत्पाद में क्या दिखाई देता है?

ए] पिघलने वाली रेखा

बी] म्रतरेखा

सी] बिदाई लाइन

डी] प्रवाह रेखा

346] उत्पाद में बादल छाए रहने और आलसी दिखने का क्या कारण है?

ए] ज़्यादा गरम करना

बी] दूषण

सी] उच्च दबाव

डी] कम तापमान

347] ब्लो मोल्डिंग में प्लेटिन की गति में मरोड़ने का क्या कारण है?

ए] वायु दाब बहुत अधिक है

बी] खराबस्नेहन

सी] उच्च मोल्ड तापमान

डी] रॉक एंड पेरिसन का उचित जुड़ाव

348] ब्लो मोल्डिंग में डाई एग्जिट में क्या दोष पाया गया?

ए] शार्ककीत्वचा

बी] खींच

सी] फ्रैक्चर

डी] संकोचन

349] ब्लो मोल्डिंग में बेंड पैरिसन दोष का कारण क्या है ?

ए] कम पिघला हुआ तापमान

बी] सामग्री एमएफआई बहुत कम

सी] कम मरने का तापमान

डी] अनुचितडाईसेंटरिंग

350] ब्लो मोल्डिंग के उत्पाद में चांदी की धारियाँ बनने का क्या कारण है?

ए] तापमान

बी] नमी

सी] संदूषण

डी] इंजेक्शन दबाव

351] ब्लो मोल्डिंग में बैरल के खराब तापन का कारण क्या है?

ए] हीटरटर्मिनलोंकीजकडनकीजाँचकरें

बी] स्क्रू रोटेशन की जाँच करें

सी] कच्चे माल की जांच करें

डी] वायु आपूर्ति की जांच करें

352] एक्सट्रूज़न प्रक्रिया क्या है?

ए] प्लास्टिकसामग्रीकोडाईकेमाध्यमसेधकेलना

बी] पंच द्वारा एक छेद का निर्माण

ग) शीट से कप के आकार के हिस्से बनाना

डी] खोखले भागों का निर्माण

353] एक्सट्रूज़न प्रक्रिया में स्क्रू में फीड ज़ोन की लंबाई कितनी होती है?

ए] <u>50%</u>

बी] 25%

सी] 30%

डी] 40%

354] एक्सट्रूडर स्क्रू का हेलिक्स एंगल क्या होता है?

ए] <u>17.7°</u>

बी] 18.7 डिग्री

सी] 19.7 डिग्री

डी] 16.7 डिग्री

355] एक्सट्रूडर आउटपुट के उत्पादों को मापने के लिए कौन सी इकाई है?

ए] <u>किग्रा/घंटा</u>

बी] एम / घंटे

सी] किमी/घंटा

डी] मास/घंटे

356] कौन सी मशीन या तकनीक ब्लो फिल्म बनाती है?

ए] <u>एक्सट्रूजनतकनीक</u>

बी] इंजेक्शन तकनीक

सी] संपीड़न तकनीक

डी] झटका मोल्डिंग

357] प्रयुक्त प्लास्टिक के पुन: प्रसंस्करण के लिए किस मशीन का उपयोग किया जाता है?

ए] <u>एक्सट्रूडर</u>

बी] इंजेक्शन

सी] झटका

डी] संपीड़न

358] फिल्म निर्माण से संबंधित एक्सट्रूज़न प्रक्रिया में कितने प्रकार के डाई का उपयोग किया जाता है?

ए] 4 प्रकार

बी] <u>3प्रकार</u>

सी] 2 प्रकार

डी] 5 प्रकार

359] ब्लो फिल्म में झुर्रियां किस कारण होती हैं?

ए] <u>बहुतज्यादावेबटेंशन</u>

बी] कम वेब तनाव

सी] सामग्री में नमी सामग्री

डी] सर्जिंग

360] विभिन्न प्रकार के फिलामेंट बनाने के लिए किस प्रक्रिया का उपयोग किया जाता है?

ए] <u>मोनोफिलामेंटएक्सट्रूज़नप्रक्रिया</u>

बी] वायर कोटिंग एक्सट्रूज़न प्रक्रिया

सी] शीट एक्सट्रूज़न प्रक्रिया

डी] ट्यूबलर फिल्म प्रक्रिया

361] कौन सी प्रक्रिया कॉइल का उत्पादन कर सकती है?

ए] <u>बाहरनिकालनाप्रक्रिया</u>

बी] थर्मो बनाने

सी] कैलेंडरिंग

डी] थर्मोसेट प्रक्रिया

362] थर्मोफॉर्मिंग प्रक्रिया के लिए किस सामग्री का उपयोग किया जाता है?

ए] थर्मोसेट प्लास्टिक

बी] <u>थर्मोप्लास्टिक</u>

सी] रबड़

डी] धातु की चादरें

363] किस प्रक्रिया को कोल्ड एक्सट्रूज़न प्रक्रिया के रूप में भी जाना जाता है?

ए] प्रत्यक्ष

बी] अप्रत्यक्ष

सी] <u>प्रभाव</u>

डी] हाइड्रोस्टैटिक

364] ट्यूब, पाइप, फिल्म और छर्रों के उत्पादन के लिए कौन सी मोल्डिंग प्रक्रिया उपयुक्त है?

ए] झटका मोल्डिंग

बी] <u>निकलाहुआ</u>

सी] इंजेक्शन मोल्डिंग

डी] संपीड़न मोल्डिंग

365] एक्सट्रूज़न मोल्डिंग में राल को गर्म करने और मिलाने का कौन सा भाग होता है?

ए] <u>बैरल</u>

बी] मैंड्रेल

सी] ब्रेकर प्लेट

डी] मरो

366] एक्सट्रूडर में कूलिंग फैन का क्या कार्य है?

ए] सेट तापमान बढ़ाएँ

बी] सेट तापमान घटाएं

सी] <u>निर्धारिततापमानसेअधिकनहींहोनाचाहिए</u>

डी] तापमान को निर्धारित मूल्य से ऊपर रखें

367] पीवीसी पाइप बनाने के लिए सामग्री क्या है?

ए] स्टील

बी] <u>प्लास्टिक</u>

सी] कॉपर

डी] एल्यूमिनियम

368] एक्सट्रूज़न में उत्पाद प्राप्त करने के लिए खींचकर एक्सट्रूडेट कहाँ से होता है?

ए] नमक स्नान

बी] <u>पानीकास्नान</u>

सी] बुध स्नान

डी] तापमान स्नान

369] गर्मी संवेदनशील बहुलक कौन सा है?

ए] <u>पीवीसी</u>

बी] पीसी

सी] पीएस

डी] एपॉक्सी

370] प्रकृति में स्वयं आग बुझाने वाला कौन सा पदार्थ है?

ए] पॉलीथीन (पीई)

बी] पॉलीप्रोपाइलीन (पीपी)

सी] <u>पोलीविनाइलक्लोराइड</u>

डी] एसीटाल

371] किस प्रक्रिया से लंबी प्लास्टिक की छड़ें और ट्यूब बनते हैं?

ए] संपीड़न मोल्डिंग

बी] इंजेक्शन मोल्डिंग

सी] <u>बाहरनिकालना</u>

डी] झटका मोल्डिंग

372] एक्सट्रूज़न में डाई का क्या कार्य है?

ए] <u>अंतिमआकार</u>

बी] मध्यवर्ती आकार

सी] प्रारंभिक ताकत

डी] उच्च तापमान

373] विद्युत क्षेत्र में पीवीसी का क्या उपयोग है?

ए] <u>पाइप्स</u>

बी] वायर कोर

सी] टंगस्टन तार

डी] स्विच

374] एक्सट्रूडर के हिस्से में अतिरिक्त कतरन कहाँ होता है?

ए] फ़ीड अनुभाग

बी] <u>पम्पिंगअनुभाग</u>

सी] खंड संक्षिप्त करें

डी] संक्रमण खंड

375] प्लास्टिक एक्सट्रूज़न प्रक्रिया में एक्सट्रूडेड सामग्री को कैसे ठंडा किया जाता है?

ए] <u>पानीसे</u>

बी] ठंडी सतह के संपर्क में आने से

सी] हवा से

डी] तेल से

376] पॉलीमर एक्सट्रूज़न का अनुप्रयोग क्या है?

ए] कुकर के हैंडल

बी] कप

सी] <u>पाइप</u>

डी] सर्किट बोर्ड

377] एक्सट्रूज़न प्रक्रिया द्वारा निकाली गई फिल्म की मोटाई क्या है?

ए] 0.2 मिमी

बी] 0.3 मिमी

सी] 0.4 मिमी

डी] <u>0.5 मिमी</u>

378] ठोस छड़ें कैसे बनती हैं?

ए] <u>बाहरनिकालनाप्रक्रिया</u>

बी] कैलेंडरिंग प्रक्रिया

सी] थर्मोफॉर्मिंग प्रक्रिया

डी] झटका मोल्डिंग प्रक्रिया

379] किस प्रकार की मशीन प्रक्रिया निरंतर और लंबी लंबाई के उत्पादों का उत्पादन करती है?

ए] बाहरनिकालनाप्रक्रिया

बी] इंजेक्शन मोल्डिंग

सी] झटका मोल्डिंग

डी] संपीड़न मोल्डिंग

380] एक्सट्रूज़न प्रक्रिया में स्क्रू में कम्प्रेशन ज़ोन की लंबाई कितनी होती है?

ए] 30%

बी] 40%

सी] 25%

डी] 50%

381] एक्सट्रूज़न प्रक्रिया में दानेदार मोल्डिंग सामग्री कहाँ लोड होती है?

ए] बैरल

बी] हूपर

सी] छर्रों

डी] स्प्लट

382] स्क्रू में मिक्सिंग एलिमेंट्स को कहाँ शामिल किया जाता है?

ए] फ़ीड क्षेत्र

बी] संपीड़नक्षेत्र

सी] मीटरिंग जोन

डी] फ़ीड मेटरिंग ज़ोन

384] स्क्रू के घूमने से किस प्रकार की ऊर्जा विकसित होती है?

ए] घर्षणऊर्जा

बी] संभावित ऊर्जा

सी] गतिज ऊर्जा

डी] विद्युत ऊर्जा

385] एक्सट्रूज़न प्रक्रिया में पेंच और बैरल के बीच की निकासी क्या है?

ए] 0.02 मिमी

बी] 0.05 मिमी

सी] 0.01 मिमी

डी] 0.03 मिमी

386] एक्सट्रूडर के मेल्टिंग सेक्शन का दूसरा नाम क्या है?

ए] फ़ीड अनुभाग

बी] संक्रमणखंड

सी] पम्पिंग अनुभाग

डी] खंड संक्षिप्त करें

387] मीटरिंग जोन में स्क्रू की लंबाई कितनी होती है?

ए] <u>25%</u>

बी] 50%

सी] 30%

डी] 40%

388] एक्सट्रूज़न प्रक्रिया में पंच की सामग्री क्या है?

ए] <u>नाइट्राइडिंगस्टील</u>

बी] हाई स्पीड स्टील

सी] स्टेनलेस स्टील

डी] कच्चा लोहा

389] एक्सट्रूज़न प्रक्रिया में बैरल बनाने के लिए किस सामग्री का उपयोग किया जाता है?

ए] <u>नाइट्राइडिंगस्टील</u>

बी] पाउडर मेटलर्ज स्टील्स

सी] द्विव-धातु

डी] उच्च कार्बन स्टील्स

390] पंच की लंबाई और व्यास अनुपात क्या है?

ए] <u>20:1</u>

बी] 16:1

सी] 18:1

डी] 20:1

391] एक्सट्रूडर स्क्रू का संपीड़न अनुपात क्या है?

ए] 2 से 3

बी] 3 से 2

सी] <u>1.5 से 4.5</u>

डी] 2 से 1

392] एल/डी राशन का क्या अर्थ है?

ए] <u>लंबाईसेव्यासअनुपात</u>

बी] लिफ्ट टू ड्रैग अनुपात

सी] विकसित अनुपात की लंबाई

डी] अनुपात आकर्षित करने की लंबाई

393] पंच की गति मापने की मूल इकाई कौन सी है?

ए] <u>आरपीएम</u>

बी] आरपीएस

सी] आरएफ

डी] आरपीएमएस

394] किस एक्सट्रूडर में अधिक प्लास्टिक आकार देने की क्षमता है?

ए] सिंगल स्क्रू एक्सट्रूडर

बी] ट्विन स्क्रू एक्सट्रूडर

सी] <u>मल्टीस्क्रूएक्सट्रूडर</u>

डी] ड्रम एक्सट्रूडर

395] कौन सी सामग्री प्रक्रिया ऊर्ध्वाधर उर्ध्व ब्लोइंग प्रक्रिया का उपयोग करती है?

ए] <u>पीईऔरपीवीसी</u>

बी] एबीएस और सैन

सी] पीपी और पीबीटी

डी] पीएफ और यूएफ

396] पॉली प्रोपलीन फिल्म का निर्माण कैसे किया जाता है?

ए] <u>लंबवतनीचे</u>

बी] लंबवत ऊपर

सी] क्षैतिज

डी] लंबवत

397] फिल्म की मोटाई मापने के लिए किस उपकरण का उपयोग किया जाता है?

ए] वर्नियर कैलिपर

बी] <u>डिजिटलमाइक्रोमीटर</u>

सी] माइक्रोमीटर

डी] वर्नियर गहराई नापने का यंत्र

398] ब्लो फिल्म को कैसे ठंडा किया जाता है?

ए] गैस

बी] <u>एयर</u>

सी] पानी

डी] तेल

399] फिल्म को फूंकने के लिए किस मीडिया का इस्तेमाल किया जाता है?

ए] <u>एयर</u>

बी] गैस

सी] पानी

डी] तेल

401] ब्लो फिल्म में फ्रीज लाइन क्या है?

ए] <u>डाईफेससेइसकीऊंचाईजिसपरपिघलजमजातीहै</u>

बी] यह डाई फेस से चौड़ाई है जिस पर पिघल जम जाता है

सी] इसका व्यास जिस पर पिघल जम जाता है

D] यह वह त्रिज्या है जिस पर गलन जम जाता है

402] फिल्म के लिए नॉमिनल ब्लो-अप अनुपात क्या है?

ए] 1:2

बी] <u>2:1</u>

सी] 1:3

डी] 2:4

403] झटका-अनुपात क्या है?

ए] <u>बुलबुलेकाव्याससेडाईकाव्यास</u>

B] बुलबुले की त्रिज्या से मरने की त्रिज्या तक

C] (D) बबल का 2 से (D)2 का डाई

D] बबल से डाई का

404] मैटेरियल कंपाउंडिंग में उपयोग किए जाने वाले हीट स्टेबलाइजर्स का उद्देश्य क्या है?

ए] <u>थर्मलगिरावटकोरोकनेकेलिए</u>

बी] घर्षण को रोकने के लिए

सी] लागत कम करने के लिए

डी] सामग्री को नरम बनाने के लिए

405] पाइप निर्माण में घर्षण को कम करने के लिए किस सामग्री का उपयोग किया जाता है?

ए] <u>स्नेहक</u>

बी] हीट स्टेबलाइजर्स

सी] फिलर्स

डी] ज्वाला मंदक

406] किस आकार की इकाई में उत्पाद की गुणवत्ता अच्छी है?

ए] दबाव आकार :

बी] वैक्यूम साइजिंग

सी] प्लेट साइजिंग

डी] <u>दबाव + वैक्यूमआकार</u>

407] पाइप के आंतरिक और बाहरी व्यास दोनों को आकार देने के लिए किस प्रकार की साइज़िंग इकाई का उपयोग किया जाता है?

ए] <u>वैक्यूम + दबावआकार:</u>

बी] दबाव आकार :

सी] वैक्यूम साइजिंग

डी] प्लेट साइजिंग

408] एक्सड्रूज़न प्रक्रिया में केसिंग-कैपिंग का आकार कैसा होता है?

ए] दबाव आकार :

बी] <u>प्लेटसाइजिंग</u>

सी] वैक्यूम साइजिंग

डी] वैक्यूम + प्रेशर साइजिंग

409] पाइप के बाहरी व्यास को आकार देने के लिए किस आकार की इकाई का उपयोग किया जाता है?

ए] दबाव आकार :

बी] <u>वैक्यूमआकार:</u>

सी] प्लेट साइजिंग

डी] वैक्यूम + प्रेशर साइजिंग

410] पाइप के आंतरिक व्यास को आकार देने के लिए किस प्रकार की आकार इकाई का उपयोग किया जाता है?

ए] <u>दबावआकार</u>

बी] वैक्यूम साइजिंग

सी] प्लेट साइजिंग

डी] वैक्यूम + प्रेशर साइजिंग

411] बोरवेल पाइप बनाने के लिए किस सामग्री का उपयोग किया जाता है?

ए] पीवीसी

बी] <u>एचडीपीई</u>

सी] नायलॉन

डी] एलडीपीई

412] कृषि पाइप बनाने के लिए किस सामग्री का भारी मात्रा में उपयोग किया जाता है?

ए] एचडीपीई

बी] <u>पीवीसी</u>

सी] एलडीपीई

डी] एचएमएचडीपीई

413] बाग़ का पाइप बनाने के लिए किस प्रकार की सामग्री का उपयोग किया जाता है?

ए] <u>थर्माप्लास्टिक</u>

बी] थर्मोसेट प्लास्टिक

सी] रबड़

डी] एपॉक्सी

414] कौन सी प्लास्टिक सामग्री को रिसाइकिल नहीं किया जा सकता है?

ए] एचडीपीई

बी] पीपी

सी] एलडीपीई

डी] <u>पीएफ</u>

415] 4 आर का सिद्धांत क्या है?

ए] <u>कमकरें - पुन: उपयोगकरें - रीसायकलकरें - पुनर्प्राप्तकरें</u>

बी] मना करें - पुन: उपयोग करें - रीसायकल करें - पुनप्राप्त करें

सी] कम करें - पुन: उपयोग करें - रीसायकल - रीमिक्स

डी] कम करें - पुन: उपयोग करें - रीसायकल करें - पुन: उत्पन्न करें

416] शीट बनाने के लिए किस प्रकार के डाई का उपयोग किया जाता है?

ए] <u>क्षैतिजभट्ठामरो</u>

बी] क्रॉस हेड डाई

सी] पिन हेड डाई

डी] राम संचायक मर

417] पुनर्संसाधन संयंत्र में किस डाई का उपयोग किया जाता है?

ए] <u>मोनोफिलामेंटडाई</u>

बी] शीट डाई

सी] पाइप मरो

डी] टी-टाइप डाई

418] कौन सा डाई पिघले हुए पॉलिमर को एक्सड्रूड से अंदर प्रवेश करने और किनारे से मरने में सक्षम बनाता है?

ए] <u>साइडफीडडाई</u>

बी] स्पाइडर डाई

सी] सर्पिल खराद का धुरा प्रकार

D] बॉटम फीड डाई

419] कौन सा डाई सामग्री को केंद्र में प्रवेश करने और दूर भेजने में सक्षम बनाता है?

ए] साइड फीड डाई

बी] स्पाइडर डाई

सी] सर्पिल खराद का धुरा प्रकार

डी] <u>नीचेफ़ीडमरो</u>

420] किस प्रकार का उत्पादन जिसमें कोई पंच नहीं होता है जो केंद्र में डाई में फिट होता है?

ए] ठोसछड

बी] खोखले पाइप

सी] आवरण - कैपिंग

डी] फिल्म

421] पाइप एक्सट्रूज़न में सरंध्रता दोष का क्या कारण है?

ए] सूखी सामग्री

बी] सामग्रीमेंनमीसामग्री

सी] अनुचित डाई सेटिंग

डी] अनुचित

422] चादर की सतह पर धारियाँ क्यों होती हैं?

ए] दूषितप्रणाली

बी] बहुत अधिक नमी

सी] स्थिर नहीं में प्रवाह पिघलाएं

डी] सामग्री का खराब मिश्रण

423] पाइप की सतह पर निरंतर रेखा का निशान क्यों होता है?

ए] क्षतिग्रस्तमरनेकेकारण

बी] पिघल का उच्च तापमान

सी] पिघलने का कम तापमान

डी] अनुचित शीतलन

424] पाइपों में असमान मोटाई के दोष के लिए क्या उपाय है?

ए] नमी सामग्री

बी] उचितडाईसेंटरिंगकरें

सी] कम वायु दाब

डी] स्टेबलाइजर स्तर कम

425] ब्लो फिल्म में अधिक गर्मी और गीली सामग्री के कारण कौन सा दोष होता है?

ए] खराब रंग

बी] बुलबुले

सी] असमान मोटाई

डी] प्रवाह रेखाएं

426] ब्लो फिल्म में रंग क्यों फीका पड़ जाता है?

ए] ओवरहीटिंगकेकारण

बी] कम तापमान के कारण

सी] अनुचित डाई सेटिंग

डी] असंगत गति ले लो

427] रखरखाव के लिए व्यवस्थित दृष्टिकोण क्या है?

ए] <u>समस्या - कारण - निदान - सुधार</u>

बी] समस्या - निदान - कारण - सुधार

सी] समस्या - उपाय - निदान - सुधार

डी] समस्या - निदान - उपाय - सुधार

428] निवारक रखरखाव क्यों आवश्यक है?

ए] मशीन के जीवन को कम करने के लिए

बी] रखरखाव की लागत बढ़ाने के लिए

सी] <u>प्लास्टिकप्रक्रियामशीनरीप्रणालीकेजीवनकोबढ़ानेकेलिए</u>

डी] रखरखाव की लागत को कम करने के लिए

429] कौन सी प्रक्रिया नालीदार कार्टन बनाती है?

ए] <u>बॉक्सपट्टियाँ</u>

बी] तार कोटिंग

सी] फिलामेंट एक्सट्रूज़न

डी] शीट एक्सट्रूज़न

430] मछली पकड़ने का जाल बनाने के लिए किस सामग्री का उपयोग किया जाता है?

ए] <u>नायलॉन</u>

बी] एचडीपीई

सी] एलडीपीई

डी] एमडीपीई

431] नंगे तार को इन्सुलेट करने के लिए ज्यादातर किस सामग्री का उपयोग किया जाता है?

ए] <u>पीवीसी</u>

बी] एचडीपीई

सी] एलडीपीई

डी] एमडीपीई

432] तार कोटिंग के लिए किस मशीन का उपयोग किया जाता है?

ए] <u>एक्सट्रूडरमशीन</u>

बी] इंजेक्शन मोल्डिंग मशीन

सी] झटका मोल्डिंग मशीन

डी] थर्मोफॉर्मिंग मशीन

433] केबल एक्सट्रूज़न में उत्पाद वाइंडिंग की गति क्या है?

ए] 40 मीटर/सेकंड

बी] <u>50 मीटर/सेकंड</u>

सी] 60 मीटर/सेकंड

डी] 70 मीटर/सेकंड

434] शीट बनाने के लिए किस प्रक्रिया का उपयोग किया जाता है?

ए] <u>कैलेंडरिंग</u>

बी] गठन

सी] इंजेक्शन

डी] झटका मोल्डिंग

435] एक धातु डाई के माध्यम से पिघला हुआ बहुलक मजबूर करके निरंतर आकार बनाने की प्रक्रिया क्या है?

ए] <u>बाहरनिकालना</u>

बी] लिथोग्राफी

सी] कैलेंडरिंग

डी] थर्मो बनाने

436] इसकी साइड की दीवार की तुलना में इम्पैक्ट एक्सट्रूज़न के बेस का निर्माण कैसे करें?

ए] <u>मोटा</u>

बी] पतला

सी] समान

डी] पतला या बराबर

437] एक नया उत्पाद बनाने के लिए दो या दो से अधिक विशिष्ट बहुलकों को एक साथ मिलाने की प्रक्रिया का क्या नाम है?

ए] बाइंडिंग

बी] स्थिरीकरण

सी] <u>सम्मिश्रण</u>

डी] भरना

438] प्लास्टिक के निष्कर्षण में कच्चे माल के किस रूप का उपयोग किया जाता है?

ए] <u>नर्डल्स</u>

बी] पाउडर

सी] कणिकाओं

डी] तरल

439] ब्रेकर प्लेट द्वारा किसको प्रबलित किया जाता है क्योंकि इस बिंदु पर दबाव एक्सट्रूज़न में 5000 साई से अधिक हो सकता है?

ए] <u>स्क्रीन</u>

बी] फ़िल्टर

सी] कौयगुलांट

डी] तलछट

440] एक्सट्रूज़न के बैरल में बैक प्रेशर की आवश्यकता क्यों होती है?

ए] सामग्री खिलाना

बी] सामग्री को गर्म करना

सी] <u>बहुलककाउचितमिश्रण</u>

डी] अतिरिक्त सामग्री लौटाएं

441] एक्सट्रूज़न में ब्रेकर प्लेट का क्या कार्य है?

ए] स्क्रीन ब्लॉकिंग को तोड़ना

बी] संगति को तोड़ना

सी] <u>सर्पिलप्रवाहकोदुबलेप्रवाहमेंपरिवर्तितकरना</u>

डी] बहुलक श्रृंखला को तोड़ना

442] स्क्रीन पैक को एक्सट्रूडर में कहाँ रखा जाता है?

ए] पेंच और बैरल

बी] <u>पेंचऔरब्रेकरप्लेट</u>

C] ब्रेकर प्लेट और डाई

डी] हूपर और बैरल

443] वर्टिकल अपवर्ड ब्लो फिल्म एक्सट्रूज़न प्रक्रिया में फिल्म को कैसे ठंडा किया जाता है?

ए] <u>हवाउड़ानेसे</u>

बी] ठंडा पानी मजबूर करके

ग] सामान्य जल प्रवाहित करके

D] नाइट्रोजन गैस फूंकने से

444] साइड फीड का उपयोग करने वाली कौन सी प्रक्रिया मर जाती है?

ए] शीट बनाना

बी] पाइप बनाना

सी] <u>झटकाफिल्मबाहरनिकालना</u>

डी] तार इन्सुलेशन

445] एक्सट्रूडेड पाइप पर निरंतर लाइन दोष का कारण क्या है?

ए] पिघला हुआ तापमान कम है

बी] कच्चे माल में नमी की मात्रा

सी] <u>क्षतिग्रस्तमर</u>

डी] पिघला हुआ तापमान अधिक होता है

446] हॉट एक्सट्रूज़न में प्रमुख समस्या क्या है?

ए] पंच का डिजाइन

बी] पंच पहनना

सी] मरने का डिजाइन

डी] मरनेकेआंसू

447] डिस्पोजेबल कप के उत्पादन के लिए प्रसंस्करण की किस विधि का उपयोग किया जाता है?

ए] एक्सट्रूज़न प्रक्रिया

बी] संपीड़न प्रक्रिया

सी] थर्मोफॉर्मिंगप्रक्रिया

डी] इंजेक्शन प्रक्रिया

448] थर्मोप्लास्टिक शीट को अलग आकार में आकार देने के लिए प्रसंस्करण की किस विधि का उपयोग किया जाता है?

ए] झटका फिल्म प्रक्रिया

बी] झटका मोल्डिंग प्रक्रिया

सी] रोटो मोल्डिंग प्रक्रिया

डी] थर्मोफॉर्मिंगप्रक्रिया

449] थर्मोफॉर्मिंग प्रक्रिया के लिए ज्यादातर कच्चे माल का कौन सा रूप उपयोग किया जाता है?

ए] ग्रैन्यूल्स

बी] छर्रों

सी] पाउडर फॉर्म

डी] प्लास्टिकशीट

450] वैक्यूम बनाने के लिए प्लास्टिक की न्यूनतम मोटाई कितनी होती है?

ए] 0.125 मिमी

बी] 0.25 मिमी

सी] 0.375 मिमी

डी] 0.5 मिमी

451] वैक्यूम बनाने में प्लास्टिक शीट की अधिकतम मोटाई कितनी होती है?

ए] 3 मिमी

बी] 3.1 मिमी

सी] 3.2 मिमी

डी] 3.3 मिमी

452] थर्मोफॉर्मिंग प्रक्रिया के लिए किस विधि का उपयोग किया जाता है?

ए] बाहरनिकालनाप्रक्रिया

बी] संपीड़न प्रक्रिया

सी] ताप प्रक्रिया

डी] इंजेक्शन प्रक्रिया

453] थर्मोफॉर्मिंग प्रक्रिया का नुकसान क्या है?

ए] फास्ट मोल्ड चक्र

बी] कम दबाव की आवश्यकता

सी] वजन में हल्का और टिकाऊ

डी] ट्रिमिंगकीआवश्यकताहै

454] थर्मोफॉर्मिंग मोल्ड बनाने के लिए ज्यादातर किस सामग्री का उपयोग किया जाता है?

ए] स्टील

बी] ग्रे कास्ट आयरन

सी] अल्युमीनियम

डी] सफेद कच्चा लोहा

455] थर्मोफॉर्मिंग में क्या आवश्यक है?

ए] कमदबाव

बी] उच्च कठोर मशीन

सी] उच्च लागत

डी] उच्च दबाव

456] कौन सी प्रक्रिया यांत्रिक विधि द्वारा थर्मोप्लास्टिक की हार्ड शीट को वांछित आकार में आकार देती है?

ए] कैलेंडरिंग

बी] थर्मोफॉर्मिंग

सी] एक्सट्रूज़न

डी] झटका मोल्डिंग

457] थर्मोफॉर्मिंग में चक्र का पहला सेट कौन सा है?

ए] ट्रिमिंग

बी] ताप

सी] क्लैंपिंग

डी] कूलिंग

458] थर्मोफॉर्मिंग के लिए किस प्रसंस्कृत सामग्री का उपयोग किया जाता है?

ए] बाहरनिकालनाप्रक्रिया

बी] संपीड़न प्रक्रिया

सी] ताप प्रक्रिया

डी] इंजेक्शन प्रक्रिया

459] थर्मोफॉर्मिंग में चक्र का अंतिम सेट कौन सा है?

ए] क्लैंपिंग

बी] ताप

सी] कूलिंग

डी] ट्रिमिंग

460] थर्मोफॉर्मिंग में मोल्ड सामग्री के रूप में प्लास्टर का उपयोग करके कितने संभव हैं?

ए] 50 बनाने

बी] 500 बनाने

सी] 1000 से अधिक बनाने

डी] अनिश्चितकालीन गठन

461] थर्मोफॉर्मिंग में एल्यूमीनियम को मोल्ड सामग्री के रूप में उपयोग करके कितने संभव हैं? ए] 50 गठन

बी] 500 बनाने

सी] 1000 से अधिक बनाने

डी] अनिश्चितकालीनगठन

462] कौन सी मोल्ड सामग्री आयामी स्थिर और अच्छी सतह खत्म करती है?

ए] प्लास्टर

बी] लकड़ी

सी] सिंथेटिक राल

डी] अल्युमीनियम

463] किस साँचे में सामग्री गई यह महत्वपूर्ण नहीं है?

ए] प्लास्टर

बी] लकड़ी

सी] सिंथेटिक राल

डी] एल्यूमिनियम

464] निर्वात बनाने की प्रक्रिया के लिए कितनी ऊष्मा की आवश्यकता होती है?

ए] 90°C

बी] 130 डिग्री सेल्सियस

सी] 155 डिग्री सेल्सियस

डी] 175 डिग्री सेल्सियस

465] वैक्यूम बनाने की प्रक्रिया में प्लास्टिक शीट के लिए अधिकतम कितनी मोटाई की अनुमति दी जा सकती है?

ए] 3 मिमी

बी] 3.1 मिमी

सी] 3.2 मिमी

डी] 3.3 मिमी

466] किस थर्मोफॉर्मिंग उत्पाद को मोटी तली और पतली दीवार मिलती है

ए] ड्रेपफॉर्मिंग

बी] वैक्यूम बनाने

सी] दबाव बनाने

डी] फ्री फॉर्मिंग

467] किस थर्मोफॉर्मिंग उत्पाद में मोटी रिम और सबसे पतले निचले कोने मिलते हैं?

ए] ड्रेप फॉर्मिंग

बी] निर्वातबनरहाहै

सी] दबाव बनाने

डी] फ्री फॉर्मिंग

468] मोल्ड करने के आसान तरीके के लिए अक्सर निम्न स्तर की तकनीक में किसका उपयोग किया जाता है?

ए] ड्रेपफॉर्मिंग

बी] थर्मोफॉर्मिंग

सी] झटका बनाने

डी] इंजेक्शन बनाने

469] किस थर्मोफॉर्मिंग में नर और मादा मोल्ड के बीच शीट बन रही है?

ए] ड्रेप फॉर्मिंग

बी] वैक्यूम बनाने

सी] मैचिंगडाईफॉर्मिंग

डी] दबाव बनाने

470] वैक्यूम बनाने के लिए कौन सी सामग्री आम है?

ए] लकड़ीकापैटर्न

बी] धातु पैटर्न

सी] लौह पैटर्न

डी] एल्यूमिनियम पैटर्न

471] वैक्यूम बनाने के लिए प्लास्टिक द्वारा आवश्यक न्यूनतम मोटाई क्या है?

ए] 0.125

बी] 0.25

सी] 0.375

डी] 0.5

472] निम्न स्तर की तकनीक में किस प्रक्रिया का उपयोग किया जाता है?

ए] <u>निर्वातबनरहाहै</u>

बी] थर्मो बनाने

सी] झटका मोल्डिंग

डी] इंजेक्शन मोल्डिंग

473] पिघला हुआ प्लास्टिक बिना दबाव के सांचे में डालने की कौन सी प्रक्रिया है?

ए] झटका मोल्डिंग

बी] <u>ढलाई</u>

सी] इंजेक्शन मोल्डिंग

डी] अनुकंपा मोल्डिंग

474] थर्मो बनाने में सामग्री की बर्बादी कहाँ होती है?

ए] क्लैंपिंग

बी] ताप

सी] आकार देना

डी] <u>ट्रिमिंग</u>

475] द्वितीयक प्रसंस्करण तकनीक कौन सी प्रक्रिया है?

ए] <u>थर्मोफॉर्मिंगप्रक्रिया</u>

बी] संपीड़न मोल्डिंग प्रक्रिया

सी] इंजेक्शन मोल्डिंग प्रक्रिया

डी] झटका मोल्डिंग प्रक्रिया

476] थर्मोफॉर्मिंग प्रक्रिया के लिए किस सामग्री का उपयोग किया जाता है?

ए] <u>पी.एस.</u>

बी] यूएफ

सी] एमएफ

डी] पीएफ

477] वैक्यूम मोल्ड के डिजाइन के लिए न्यूनतम ड्राफ्ट कोणों की सिफारिश की जाती है?

ए] 4?

बी] 2?

सी] <u>3 </u>

डी] 2.5?

478] ऐक्रेलिक सामग्री के थर्मोफॉर्मिंग के लिए तापमान की सीमा क्या है?

ए] 90°-100°C

बी] <u>125°-175°C</u>

सी] 175°-250°C

डी] 300 डिग्री सेल्सियस से अधिक

479] थर्मोफॉर्मिंग में हीटिंग कैसे होनी चाहिए?

ए] <u>निरंतरऔरसमान</u>

बी] गैर निरंतर

सी] गैर वर्दी

डी] निरंतर और गैर-वर्दी

480] थर्मोफॉर्मिंग में हीटिंग का दूसरा रूप कौन सा है?

ए] <u>अवरक्तविकिरण</u>

बी] यूवी विकिरण

सी] ब्रह्मांडीय विकिरण

डी] अल्फा विकिरण

481] थर्मोफॉर्मिंग में हेवी गेज कट सीट के लिए किस हीटिंग सिस्टम का उपयोग किया जाता है?

ए] संपर्क हीटिंग

बी] <u>जबरनकन्वेंशनहॉटएयरओवन</u>

सी] इन्फ्रारेड रेडिएंट हीटर

डी] ब्लो हीटिंग

482] थर्मोफॉर्मिंग में पतली गेज कट सीट के लिए किस हीटिंग सिस्टम का उपयोग किया जाता है?

ए] संपर्क हीटिंग

बी] मजबूर सम्मेलन गर्म हवा ओवन

सी] <u>अवरक्तदीप्तिमानहीटर</u>

डी] ब्लो हीटिंग

483] किस हीटिंग सिस्टम में गर्म की गई प्लास्टिक शीट को गर्म प्लेट पर रखा जाता है?

ए] <u>संपर्कहीटिंग</u>

बी] मजबूर सम्मेलन गर्म हवा ओवन

सी] इन्फ्रारेड रेडिएंट हीटर

डी] ब्लो हीटिंग

484] कौन-सी प्रक्रिया गर्म थर्मो प्लास्टिक शीट के आकार को यांत्रिक रूप से वांछित आकार में प्रोसेस करती है?

ए] एक्सट्रूज़न प्रक्रिया

बी] थर्मोबनाने

सी] कैलेंडरिंग

डी] झटका मोल्डिंग

485] एचडीपीई की तुलना में एलडीपीई का क्या लाभ है?

ए] कठिन

बी] कठिन

सी] रासायनिक रूप से निष्क्रिय

डी] अधिकलचीला

486] निर्वात बनाने के लिए ताप तापमान क्या है?

ए] 90 डिग्रीसेल्सियसतक

बी] 130 डिग्री सेल्सियस तक

सी] 155 डिग्री सेल्सियस तक

डी] 175 डिग्री सेल्सियस तक

487] क्या होता है जब प्लास्टिक शीट थर्मो बनाने में बहुत गर्म होती है?

ए] फाड़

बी] बुलबुले

सी] फफोले

डी] स्ट्रीक्स

488] थर्मोफॉर्मिंग के सांचे को बनाने के लिए किस सामग्री का उपयोग किया जाता है?

ए] प्लास्टर

बी] एचडीपीई

सी] एलडीपीई

डी] पीपी

489] कौन सा मोल्ड सामग्री लंबे जीवन और अच्छी ताकत है?

ए] प्लास्टर

बी] लकड़ी

सी] प्लास्टिक

डी] अल्युमीनियम

490] किस साँचे में 50 मोल्डिंग तक सीमित जीवन है?

ए] प्लास्टर

बी] लकड़ी

सी] प्लास्टिक मोल्ड

डी] एल्यूमिनियम मोल्ड

491] किस सांचे में 500 ढलाई तक का जीवन सीमित होता है?

ए] <u>लकड़ी</u>

बी] प्लास्टिक

सी] एल्यूमिनियम

डी] प्लास्टर

492] किस सांचे में 500 से अधिक ढलाई का जीवन लंबा होता है?

ए] <u>अल्युमीनियम</u>

बी] लकड़ी

सी] प्लास्टिक

डी] प्लास्टर

493] थर्मोफॉर्मिंग प्रक्रिया में कौन सी तकनीक बहुमुखी और व्यापक रूप से उपयोग की जाती है?

ए] दबाव बनाना

बी] <u>सीधेवैक्यूमबनाने</u>

सी] फ्री फॉर्मिंग

डी] प्लग असिस्ट बनाने

494] कौन सी थर्मोफॉर्मिंग तकनीक अधिक गहराई में है?

ए] <u>ड्रेपफॉर्मिंग</u>

बी] दबाव बनाना

सी] यांत्रिक गठन

डी] फ्री फॉर्मिंग

495] थर्मोफॉर्मिंग में किस प्रकार के हीटिंग सिस्टम का उपयोग किया जाता है?

ए] <u>विद्युतशक्तिअवरक्तहीटर</u>

बी] गर्म तेल

सी] भाप

डी] सौर किरणें

496] कौन सी प्रक्रिया मैचिंग डाई फॉर्मिंग के समान है?

ए] इंजेक्शन मोल्डिंग प्रक्रिया

बी] <u>संपीडनमोल्डिंगप्रक्रिया</u>

सी] झटका मोल्डिंग प्रक्रिया

डी] कास्टिंग प्रक्रिया

497] चादर से नमी हटाने के लिए क्या किया जाता है?

ए] शीटकोपहलेसेसुखालें

बी] शीट को ठंडा करें

ग) चादर को ठंडे स्थान पर रखें

डी] सामग्री को गीला करें

498] घूर्णी मोल्डिंग में गर्म खोखले सांचे में कौन सा पदार्थ भरा जाता है?

ए] चार्ज सामग्री

बी] शॉटवजनसामग्री

सी] सामग्री की कोई भी राशि

डी] तरल सामग्री के साथ पाउडर

499] घूर्णी मोल्डिंग की उत्पादन लागत की तुलना अन्य प्रकार की मोल्डिंग प्रक्रिया से कैसे की जाती है?

ए] समान

बी] महंगा

सी] सस्ता

डी] न तो महंगा और न ही बराबर

500] घूर्णी मोल्डिंग में उत्पाद किस आकार का उत्पादन कर सकता है?

ए] ठोस भाग

बी] खोखले भाग

सी] केवलगोलभाग

डी] अनियमित आकार का हिस्सा

501] घूर्णी मोल्डिंग में उत्पाद की दीवार की मोटाई के लिए कौन सा निर्भर है?

ए] हीटिंग की मात्रा

बी] ठंडा करने की मात्रा

सी] पाउडरयातरलकीमात्रा

डी] रोटेशन की गति

502] घूर्णी मोल्डिंग में प्रक्रिया का चक्र क्या है?

ए] लोडिंग, अनलोडिंग, हीटिंग और कूलिंग

बी] हीटिंग, कूलिंग, लोडिंग और अनलोडिंग

सी] लोडिंग, हीटिंग, कूलिंगऔरअनलोडिंग

डी] कूलिंग, लोडिंग, अनलोडिंग और हीटिंग

503] घूर्णी मोल्डिंग में सांचे में क्या डाला जाता है?

ए] गर्म पिघला हुआ प्लास्टिक

बी] पहिले पैरिसन

सी] प्लास्टिक शीट

डी] <u>पाउडरबहुलक</u>

504] घूर्णी मोल्डिंग का क्या फायदा है?

ए] ठोस उत्पाद का उत्पादन करें

बी] जटिल आकार उत्पाद

सी] <u>बडेखोखलेउत्पादकानिर्माण</u>

डी] चादरें उत्पन्न करें

505] घूर्णी मोल्डिंग प्रक्रिया में कौन सा प्लास्टिक उत्पाद उत्पादन कर सकता है?

ए] मुग्गू

बी] बाल्टी

सी] चेयर

डी] <u>ओवरहेडपानीकीटंकी</u>

506] घूर्णी मोल्डिंग में चक्र का कौन सा हिस्सा है?

ए] श्वास

बी] कल्लू

सी] <u>तापऔररोटेशन</u>

डी] वेंटिंग

507] घूर्णी मोल्डिंग प्रक्रिया में मोल्ड को कैसे ठंडा किया जा सकता है?

ए] <u>मोल्डपरहवाबहरहीहै</u>

बी] हाइड्रोलिक तेल छिड़काव

सी] मोल्ड में पानी परिसंचारी

डी] वातावरण में ठंडा

508] रोटो-मोल्डिंग में घूर्णन की गति क्या है?

ए] <u>30 आरपीएमसेकम</u>

बी] 60 आरपीएम से अधिक

सी] 60 से 85 आरपीएम . के बीच

डी] 100 से अधिक आरपीएम

509] घूर्णी मोल्डिंग में कौन सा बल मोल्ड पर कार्य करता है?

ए] <u>केन्द्रापसारकबल</u>

बी] अभिकेंद्री बल

सी] वैक्यूम बल

डी] वायु सेना को उड़ा रहा है

510] घूर्णी मोल्डिंग में मोल्ड कैसे गर्म होता है?

ए] <u>सीधीगैसकीलौ</u>

बी] प्रत्यक्ष सूर्य प्रकाश

सी] गर्म पानी का संचार

डी] मोल्ड के चारों ओर बैंड हीटर

511] घूर्णी ढलाई के चक्र में किसने अधिक समय लिया?

ए] लोड हो रहा है समय

बी] <u>तापऔरघूर्णनसमय</u>

सी] ठंडा करने का समय

डी] उतारने का समय

512] कौन सा पदार्थ पॉलिमर द्वारा नमी को अवशोषित करता है?

ए] <u>नायलॉन</u>

बी] एलडीपीई

सी] एचडीपीई

डी] पॉलीप्रोलीन

513] घूर्णी ढलाई के कच्चे माल से नमी कैसे दूर होती है?

ए] गेटिंग

बी] <u>पूर्वसुखाने</u>

सी] वेंटिंग

डी] कूलिंग

514] कौन सी पॉलिशिंग विधि प्लास्टिक के हिस्सों पर एक चिकनी सतह उत्पन्न करती है?

ए] <u>बफिंग</u>

बी] होनिंग

सी] लैपिंग

डी] सैंडिंग

515] मेट सरफेस फिनिश बनाने की प्रक्रिया का नाम क्या है?

ए] बफिंग

बी] <u>सैंडिंग</u>

सी] विक्षेपण

डी] विरूपण

516] चिकनी परावर्तक सतहों के निर्माण की प्रक्रिया का नाम क्या है?

ए] <u>बफिंग</u>

बी] हार्डनिंग

सी] विक्षेपण

डी] विरूपण

517] कौन सी प्रक्रिया निर्बाध उत्पाद बनाती है?

ए] झटका मोल्डिंग

बी] इंजेक्शन मोल्डिंग

सी] थर्मोफॉर्मिंग

डी] घूर्णीमोल्डिंग

518] कौन सी प्रक्रिया खोखला वन पीस आइटम उत्पाद बनाती है ?

ए] आर ओटेशनलमोल्डिंग

बी] झटका मोल्डिंग

सी] इंजेक्शन मोल्डिंग

डी] थर्मोफॉर्मिंग

519] घूर्णी मोल्डिंग में किस प्रकार के सांचे का उपयोग किया जाता है?

ए] खोखलेमोल्ड

बी] गुहा और कोर मोल्ड

सी] मरो

डी] पिन हेड डाई

520] कौन सी प्रक्रिया प्लास्टिक बॉल बनाती है?

ए] झटका मोल्डिंग

बी] इंजेक्शन मोल्डिंग

सी] थर्मोफॉर्मिंग

डी] घूर्णीमोल्डिंग

521] घूर्णी मोल्डिंग में किस प्रकार की सामग्री का उपयोग किया जाता है?

ए] पाउडर

बी] ग्रेन्युल

सी] क्रिस्टल

डी] तरल

522] कौन सी प्रक्रिया जल भंडारण टैंक बनाती है?

ए] झटका मोल्डिंग

बी] इंजेक्शन मोल्डिंग

सी] थर्मोफॉर्मिंग

डी] घूर्णीमोल्डिंग

523] घूर्णी मोल्डिंग का मुख्य लाभ क्या है?

ए] कमट्रूलींगलागत

बी] उच्च टूलींग लागत

सी] उच्च रखरखाव लागत

डी] कम रखरखाव लागत

524] खोखले उत्पाद के निर्माण के लिए घूर्णी मोल्डिंग का उपयोग क्यों किया जाता है?

ए] <u>सामग्रीकीकमबर्बादी</u>

बी] सामग्री का उच्च अपव्यय

सी] उच्च टूलींग लागत

डी] उच्च रखरखाव लागत

525] घूर्णी साँचे को कैसे गर्म किया जाता है?

ए] <u>गैसयाविद्युतऊर्जा</u>

बी] घर्षण ऊर्जा

सी] संभावित ऊर्जा

डी] स्थैतिक ऊर्जा

526] घूर्णी मोल्डिंग में किस सामग्री का उपयोग किया जाता है?

ए] <u>एलडीपीई</u>

बी] पीएफ

सी] एमएफ

डी] यूएफ

527] घूर्णन की गति किसमें मापी जाती है?

ए] <u>आरपीएम</u>

बी] आरपीएस

सी] आरपीएच

डी] आरपीएमएस

528] कौन सी प्रक्रिया तनाव मुक्त भाग बनाती है?

ए] झटका मोल्डिंग

बी] इंजेक्शन मोल्डिंग

सी] थर्मोफॉर्मिंग

डी] <u>घूर्णीमोल्डिंग</u>

529] मोल्ड को घूर्णी मोल्डिंग में कैसे घुमाया जाता है?

ए] <u>द्विअक्षीय</u>

बी] त्रिअक्षीय

सी] चारअक्षीय

डी] एकअक्षीय

530] घूर्णी मोल्डिंग में मोल्ड को ठंडा करने के लिए किस माध्यम का उपयोग किया जाता है?

ए] तेल

बी] <u>हवा</u>

सी] गैस

डी] खनिज तेल

531] बफरिंग प्रक्रिया क्यों की जाती है?

ए] खरोंच को हटा दें

बी] फ्लैश निकालें

सी] खरोंच बढ़ाएँ

डी] <u>चमकाने</u>

532] बफिंग प्रक्रिया कैसे की जाती है?

ए] <u>ठीकअपघर्षकयौगिक</u>

बी] साधारण कपड़ा

सी] वायर ब्रश

डी] नरम ब्रश

533] घूर्णी मोल्डिंग की निर्माण प्रक्रिया क्या है?

ए] <u>उच्चतापमान, कमदबावबनानेकीप्रक्रिया</u>

बी] कम तापमान, उच्च दबाव बनाने की प्रक्रिया

सी] कम तापमान, कम दबाव बनाने की प्रक्रिया

डी] उच्च तापमान, उच्च दबाव बनाने की प्रक्रिया

534] किस मोल्डिंग प्रक्रिया में एक गर्म खोखला साँचा शामिल होता है, जो सामग्री के एक शॉट वेट से भरा होता है?

ए] झटका मोल्डिंग

बी] वैक्यूम बनाने

सी] <u>घूर्णीमोल्डिंग</u>

डी] इंजेक्शन मोल्डिंग

535] कौन सी प्रक्रिया खोखले हिस्से बनाकर दीवार को एक समान मोटाई देती है?

ए] झटका मोल्डिंग

बी] इंजेक्शन मोल्डिंग

सी] संपीड़न मोल्डिंग

डी] <u>घूर्णीमोल्डिंग</u>

536] विभिन्न रंग सामग्री के साथ दोहरी दीवार बनाने के लिए किस प्रक्रिया का उपयोग किया जाता है?

ए] झटका मोल्डिंग

बी] इंजेक्शन मोल्डिंग

सी] <u>घूर्णीमोल्डिंग</u>

डी] संपीड़न मोल्डिंग

537] घूर्णी मोल्डिंग में ऑपरेटिंग तापमान रेंज क्या है?

ए] 100 डिग्री सेल्सियस से 250 डिग्री सेल्सियस

बी] 160 डिग्री सेल्सियस से 260 डिग्री सेल्सियस

सी] 260°C से 370°C

डी] 400 डिग्री सेल्सियस से 550 डिग्री सेल्सियस

538] घूर्णी मोल्डिंग में भाग की दीवार की मोटाई तय करने के लिए कौन सा है?

ए] चार्जकीगईसामग्रीकीमात्रा

बी] प्रयुक्त सामग्री का प्रकार

सी] सामग्री का एमएफआई

डी] प्रयुक्त हीटिंग का प्रकार

539] घूर्णी मोल्डिंग प्रक्रिया में एमआरए (मोल्ड रिलीज एजेंट) का उद्देश्य क्या है? ए] सामग्री को जल्दी से जोड़ा जाना है

बी] सामग्री में रंग बढ़ाएं

सी] तापमान को सामग्री में बढ़ाएं

डी] सामग्रीभागजल्दीऔरप्रभावीढंगसेहटादियागया

540] घूर्णी मोल्डिंग में प्राथमिक और द्वितीयक अक्ष की धुरी रोटेशन गति अनुपात क्या है?

ए] समान

बी] 4:1

सी] 1:4

डी] 4:3

541] चक्र की लंबाई पर किसको नियंत्रित किया जाए ताकि सामग्री खराब न हो जाए?

ए] तापमान

बी] रोटेशन की गति

सी] सामग्री का वजन

डी] शीतलन की मात्रा

542] घूर्णी मोल्डिंग में उत्पाद के वारपेज का कारण क्या है?

ए] भारित सामग्री लोड

बी] उचित ताप आपूर्ति

सी] उचित तापमान नियंत्रण

डी] खराबशीतलन

543] घूर्णी ढलाई में कच्चे माल को पूर्व सुखाने का क्या लाभ है?

ए] चक्रसमयकमकरें

बी] चक्र समय बढ़ाएँ

सी] गर्मी की आपूर्ति बढ़ाएँ

डी] उत्पादन दर कम करें

544] जब राल 140°F (60°C) पर एक घंटे के लिए घूर्णी मोल्डिंग में सूख जाए तो क्या समाप्त किया जाए?

ए] <u>नमी</u>

बी] संकोचन

सी] वारपेज

D] डाई लाइन्स

545] घूर्णी मोल्डिंग में उत्पन्न भागों में बुलबुले और पॉक मार्क्स से कैसे बचें?

ए] <u>कच्चेमालकोपूर्वसुखाने</u>

बी] अक्ष की गति बढ़ाएँ

सी] सामग्री की मात्रा बढ़ाएँ

डी] सामग्री की नमी बढ़ाएँ

546] प्रक्रिया से पहले किस सामग्री को पूर्व सुखाने की आवश्यकता होनी चाहिए?

ए] <u>नायलॉन</u>

बी] एलडीपीई

सी] एचडीपीई

डी] पॉलीप्रोलीन

547] किस बफिंग प्रक्रिया में कटिंग एक्शन और स्मूथिंग एक्शन दोनों शामिल हैं?

ए] <u>हार्डबफिंग</u>

बी] रंग बफिंग

सी] संपर्क बफिंग

डी] मश बफिंग

548] समोच्च आकार के घटकों के लिए किस बफिंग प्रक्रिया का उपयोग किया जाता है?

ए] हार्ड बफिंग

बी] रंग बफिंग

सी] संपर्क बफिंग

डी] <u>मशबफिंग</u>

549] प्लास्टिक के लिए किस बफिंग कंपाउंड सामग्री का उपयोग किया जाता है?

ए] <u>सिलिका</u>

बी] एल्यूमिनियम ऑक्साइड

सी] कैलक्लाइंड एल्यूमिना

डी] लाल खुरदरा

550] लघु अक्ष के घूर्णन ढलाई के प्रमुख अक्ष से अनुपात क्या है?

ए] 4] 1

बी] 2] 1

सी] 3] 1

डी] 5] 1

551] कौन सा कोण घूर्णी मोल्डिंग मशीन घूमती है?

ए] 360

बी] 180

सी] 90

डी] 120

552] प्रोटोटाइप उत्पाद बनाने के लिए किस प्रकार के रोटो मोल्डिंग का उपयोग किया जाता है?

ए] अर्ध स्वचालित प्रक्रिया

बी] बैचप्रकारप्रक्रिया

सी] शटल प्रकार प्रक्रिया

डी] रोटरी प्रकार प्रक्रिया

553] घूर्णी मोल्डिंग में मोल्ड के घूमने की गति क्या है?

ए] 40 घुमाव/मिनट

बी] 20 रोटेशन/मिनट

सी] 30 घुमाव/मिनट

डी] 25 रोटेशन/मिनट

554] रोटो मोल्ड बनाने के लिए किस प्रकार की सामग्री का उपयोग किया जाता है?

ए] माइल्ड स्टील

बी] उच्च कार्बन स्टील

सी] एल्यूमीनियम

डी] EN8

555] सामग्री का पूर्व सुखाने का कार्य क्यों किया जाता है?

ए] मॉइस्चराइजरहटादें

बी] मोइस्टर जोड़ें

सी] सामग्री को ठंडा करें

डी] ठंडा समय बढ़ाएं

556] सामग्री का पूर्व सुखाने वाला तापमान क्या है?

ए] गलनांककेठीकनीचे

B] गलनांक के ठीक ऊपर

C] गलनांक के समान

D] गलनांक के बराबर होता है

557] बड़े उत्पाद को बनाने के लिए किस प्रकार की मोल्ड सामग्री का उपयोग किया जाता है?

ए] कॉपर निकल

बी] <u>इस्पातकीचादर</u>

सी] कास्ट एल्यूमिनियम

डी] माइल्ड स्टील

औद्योगिक प्रशिक्षण संस्थान

मासिक टेस्ट-1, अंक-1, दिनांक:- ___________

(प्रत्येक प्रश्न दो अंक का होता है)

9] "क्लास बी" की आग को बुझाने के लिए किस प्रकार के अग्निशामक यंत्र का उपयोग किया जाता है ....

ए] शुष्क शक्ति

बी] कार्बन डाइऑक्साइड

सी] पानी की जेट

डी] फोम प्रकार

10] सामान्य आग को बुझाने के लिए किस प्रकार के अग्निशामक यंत्र का उपयोग किया जाता है?

ए] जल प्रकार बुझाने वाला

बी] फोम प्रकार बुझाने वाला

सी] शुष्क रासायनिक पाउडर एक्सटिंगुइशर

डी] कार्बन डाइऑक्साइड (C02] बुझाने वाला)

11] खून बहने की स्थिति में उपचार करें

डी] ठंडा 3" और आराम

ए] ठंडे पानी का छिड़काव करें

बी] तुरंत पट्टी -----।

बी] दुर्घटना विचार उपचार के बारे में पूछताछ

12] दुर्घटना की स्थिति में पीड़ित को

ए] आराम करने के लिए कहा

सी] तुरंत भाग लिया

डी] उसे छोड़ दो

13] प्राथमिक उपचार किसी घायल या बीमार व्यक्ति को प्राथमिक रूप से दिया जाता है....

ए] जीवन बचाओ

बी] मफ की और गिरावट को रोकें

सी] सर्वोत्तम संभव आराम दें

डी] ये सभी

14] बेकार कागज को अलग करने के लिए डिब्बे का रंग कोड है -----

ए] नीला रंग

बी] पीला रंग

सी] लाल रंग

डी] हरा रंग

15] जापानी में Seiko का अर्थ -------------- होता है

ए] शाइन

बी] क्रमबद्ध करें

सी] मानकीकरण

डी] सस्टेनेबल

16] एसएस प्रणाली का लाभ है ------

ए] उत्पादकता में वृद्धि

बी] गुणवत्ता में वृद्धि

सी] समय की बर्बादी में कमी

डी] ये सभी

17] सुरक्षा है -----------

ए] किसी का व्यवसाय नहीं

बी] हर बॉडी बिजनेस

सी] कुछ निकायों का व्यवसाय

डी] संगठन व्यवसाय

18] सुरक्षा चिन्हों की बुनियादी श्रेणियों के लिए "निषेध" चिन्ह का अर्थ उपलब्ध है ----
ए] दिखाता है कि यह नहीं किया जाना चाहिए

बी] दिखाता है कि क्या किया जाना चाहिए

सी] खतरे या खतरे की चेतावनी देता है

डी] सुरक्षा प्रावधान की जानकारी देता है

औद्योगिक प्रशिक्षण संस्थान

मासिक टेस्ट -2, अंक- 1, तिथि:- ________________

(प्रत्येक प्रश्न दो अंक का होता है)

59] माइक्रोमेट्रिक के बाहर एक मीट्रिक की शुद्धता या न्यूनतम गणना --------- होती है

ए] 0-1 मिमी

बी] 0.01 मिमी

सी] 0.001 मिमी

डी] 0.02 मिमी

60] 1000 माइक्रोन मतलब -----

ए] 1 मिमी

बी] 1 एम

सी] 1000 मिमी

डी] 10 सेमी

61] एक मीट्रिक माइक्रोमीटर में, थिम्बल अग्रिमों की एक पूर्ण क्रांति ------------

ए] 0.01 मिमी

बी] 0.25 मिमी

सी] 0.50 मिमी

डी] 1.00 मिमी

62] माइक्रोमीटर में शाफ़्ट स्टॉप ------------ में मदद करता है

ए] दबाव को नियंत्रित करें

बी] स्पिंडल को लॉक करें

सी] शून्य त्रुटि समायोजित करें

डी] काम के टुकड़े को पकड़ो

63] 1000 माइक्रोन का मतलब -------------

ए] 1 मिमी

बी] 1 एम

सी] 1000 मिमी

डी] 10 सेमी

64] माइक्रोमीटर के बाहर 50-75 मिमी की शून्य रीडिंग क्या है?

ए] 0.000 मिमी

बी] 0.01 मिमी

सी] 25.00 मिमी

डी] 50.00 मिमी

65] माइक्रोमीटर के बाहर एक मीट्रिक की आस्तीन पर सबसे छोटे विभाजन का मान है -----

ए] 0.50 मिमी

बी] 1.00 मिमी

सी] 1.50 मिमी

डी] 2.00 मिमी

66] माइक्रोमीटर में शाफ़्ट स्टॉप --------- में मदद करता है

ए] दबाव को नियंत्रित करें

बी] स्पिंडल को लॉक करें

सी] शून्य त्रुटि समायोजित करें

डी] काम के टुकड़े को पकड़ो

67] गहराई माइक्रोमीटर की न्यूनतम संख्या है

ए] 0.5 मिमी

बी] 0.2 मिमी

सी] 0.001 मिमी

डी] 0.01 मिमी

68] वर्नियर कैलिपर की अल्पतम संख्या है (मुख्य पैमाना = 49 डिवीजन, वर्नियर स्केल = 50 डिवीजन]

ए] 0.1 मिमी

बी] 0.01 मिमी

सी] 0.001 मिमी

डी] 0.02 मिमी

औद्योगिक प्रशिक्षण संस्थान

मासिक टेस्ट -3, अंक- 1, तिथि:- ________________

(प्रत्येक प्रश्न दो अंक का होता है)

69] वर्नियर कैलिपर का उपयोग करके किए गए माप का प्रकार है------

ए] प्रत्यक्ष माप

बी] अप्रत्यक्ष माप

सी] 90"] (ए) 81 (बी]

डी] इनमें से कोई नहीं

101] बेदखलदार पिन का उद्देश्य क्या है?

ए] रखते हुए

बी] कूलिंग

सी] इजेक्शन

डी] इंजेक्शन

102] इंजेक्शन मोल्डिंग मशीन के काम करने में किस प्रकार के दबाव का उपयोग किया जाता है?

ए] उच्च दबाव

बी] कम दबाव

सी] मध्यम दबाव

डी] बहुत कम दबाव

103] मोल्ड का दिल कौन सा है?

ए] शीर्ष प्लेट

बी] नीचे की थाली

सी] कोर और गुहा

डी] एक्जेक्टर प्लेट

104] चोट मोल्डिंग में शॉर्ट शॉट दोष के लिए कौन सा उपाय है?

ए] मोल्ड संरेखण की जांच करें

बी] मोल्ड तापमान घटाएं

सी] वेंटिंग प्रदान करें

डी] बढ़ी हुई फ़ीड

105] किस क्लैम्पिंग सिस्टम को पॉजिटिव क्लैम्पिंग सिस्टम कहा जाता है?

ए] हाइड्रोलिक क्लैंपिंग

बी] टाई बार कम चैंपिंग

सी] क्लैंपिंग टॉगल करें

डी] वायवीय क्लैंपिंग

106] कौन सा क्षेत्र इंजेक्शन मोल्डिंग स्क्रू की 50% लंबाई को कवर करता है?

ए] फ़ीड

बी] मीटरिंग

सी] संपीड़न

डी] पिघलना

107] पेंच और बैरल के बीच की निकासी क्या है?

ए] 0.02 मिमी

बी] 0.001 मिमी

सी] 0.002 मिमी

डी] 0.15 मिमी

108] कौन सा क्षेत्र सकारात्मक विस्थापन पंप के रूप में कार्य करता है?

ए] फ़ीड क्षेत्र

बी] संपीड़न क्षेत्र

सी] मीटरिंग जोन

डी] पिघल क्षेत्र

109] कौन सा भाग गुहा को धावक से जोड़ता है?

ए] स्प्रू

बी] गेट

सी] कोर

डी] एक्जेक्टर

औद्योगिक प्रशिक्षण संस्थान

मासिक टेस्ट -4, अंक- 1, तिथि:- ______________

(प्रत्येक प्रश्न दो अंक का होता है)

110] रनर लेस मोल्ड का क्या फायदा है?

ए] चक्र समय बढ़ाएँ

बी] सामग्री की कम बर्बादी

सी] दबाव कम करें

डी] सामग्री की बर्बादी में वृद्धि

111] हैंडल की घूर्णी गति को सवार के ऊपर और नीचे की गति में बदलने के लिए किस भाग का उपयोग किया जाता है?

ए] हूपर

बी] हैंडल

सी] रैक और पिनियन

डी] बैरल

112] इंजेक्शन चक्र में चक्रीय क्रम क्या हैं?

ए] हूपर-बैरल - स्क्रूनोज़ल - मोल्ड

बी] बैरल-हॉपर-मोल्ड-स्क्रू नोजल

सी] मोल्ड-स्क्रूनोज़ल-हॉपर-बैरल

डी] बैरल- स्क्रू नोजल - मोल्ड-हॉपर

113] इंजेक्शन की गति के लिए कौन सी इकाई व्यक्त की जाती है?

ए] मी/सेकंड

बी] सेमी/सेकंड

सी] किमी/सेकंड

डी] मिमी / सेकंड

114] इसके इंजेक्शन संचालन के दौरान पेंच की आगे की गति को क्या कहते हैं?

ए] इंजेक्शन की गति

बी] इंजेक्शन दबाव

सी] शॉट वजन

डी] इंजेक्शन दबाव

115] नोजल के आउटलेट सिरे को ठीक करने का नाम क्या है?

ए] मोल्ड

बी] गुहा

सी] कोर

डी] स्प्रू बुश

116] दिन के उजाले की परिभाषा क्या है?

ए] पेंच और बैरल के बीच की दूरी

बी] पेंच और मोटर के बीच की दूरी

C] प्लैटेंस के बीच की दूरी

डी] हॉपर और बैरल के बीच की दूरी

117] इंजेक्शन मोल्डिंग में स्प्रू बुश किस भाग में स्थित है?

ए] जंगम प्लेटिन

बी] फिक्स्ड प्लेटिन

सी] पूंछ प्लेट

डी] पेंच

118] इंजेक्शन मोल्डिंग में इजेक्टर मैकेनिज्म किस भाग में स्थित होता है?

ए] फिक्स्ड प्लेटिन

बी] जंगम पट्ट

सी] पूंछ प्लेट

डी] पेंच

119] एक स्वचालित इंजेक्शन मोल्डिंग मशीन में विकसित घर्षण गर्मी कौन सा भाग है?

ए] बैरल के बाहर

बी] नोजल के बाहर

सी] बैरल के अंदर

डी] हॉपर के अंदर

औद्योगिक प्रशिक्षण संस्थान

मासिक टेस्ट -5, अंक- 1, तिथि:- _______________

(प्रत्येक प्रश्न दो अंक का होता है)

120] प्लास्टिक के अधिकतम वजन को एकल उत्पाद द्वारा इंजेक्ट किया जा सकता है, इसे क्या कहा जाता है?

ए] शॉट वेट

बी] मोल्डिंग चक्र

सी] क्षमता

डी] इंजेक्शन की गति

121] इंजेक्शन पेंच की पेचदार धातु धागा संरचना का नाम क्या है?

एक उड़ान

बी] हेलिक्स कोण

सी] पिच

डी] सीसा

122] स्क्रू का मानक हेलिक्स कोण क्या है?

ए] 15 डिग्री

बी] 16 डिग्री

सी] 17.7 डिग्री

डी] 19.8 डिग्री

123] कौन सी परिभाषा सही है, घर्षण गर्मी कैसे उत्पन्न होती है?

ए] पंच की गति

बी] पिघल की गति

सी] मोल्ड का आंदोलन

डी] सामग्री की आवाजाही

124] इंजेक्शन मोल्डिंग मशीन में कौन सा भाग "वेंट" प्रदान करता है?

एक बैरल

बी] पंच

सी] नोजल

डी] शीतलन प्रणाली

125] गुहा के प्रवेश द्वार पर कौन सा भाग है?

एक धावक

बी] गेट

सी] कोर

डी] स्प्रू

126] रनर लेस मोल्ड किस प्रकार के मोल्ड को कहा जाता है?

ए] संपीड़न मोल्ड

बी] ब्लो मोल्ड

सी] कोल्ड रनर मोल्ड

डी] हॉट रनर मोल्ड

127] क्लैम्पिंग सिस्टम का नाम क्या है जिसमें दो बार एक साथ अंत से अंत तक एक धुरी के साथ संयुक्त होते हैं?

ए] टाई-बार कम क्लैंपिंग

बी] हाइड्रो मैकेनिकल क्लैंपिंग

सी] क्लैंपिंग टॉगल करें

डी] हाइड्रोलिक क्लैंपिंग

128] क्लैम्पिंग सिस्टम का नाम क्या है कि मोल्ड प्लेटिन आकार पर कोई सीमा नहीं है?

ए] टाई-बार कम क्लैंपिंग

बी] हाइड्रो मैकेनिकल क्लैंपिंग

सी] क्लैंपिंग टॉगल करें

डी] हाइड्रोलिक क्लैंपिंग

129] प्लास्टिक की पिघली हुई अवस्था में हर समय किस प्रकार का साँचा पाया जाता है?

ए] ठंडा धावक

बी] हॉट रनर

सी] दो प्लेट

डी] तीन प्लेट

औद्योगिक प्रशिक्षण संस्थान

मासिक टेस्ट -6, अंक- 1, तिथि:- ________________

(प्रत्येक प्रश्न दो अंक का होता है)

130] नॉकआउट पिन, स्ट्रिपर, ब्लेड आदि को शामिल करने वाली कौन सी इकाई है?

ए] शीतलन प्रणाली

बी] इंजेक्शन प्रणाली

सी] क्लैंपिंग सिस्टम

डी] इजेक्शन सिस्टम

131] दिए गए प्रतीकों में से कौन सा पीएलसी का आउटपुट है?

ए] मैन्युअल स्विच

बी] अलार्म

सी] रिले

डी] सेंसर

132] पीएलसी का मस्तिष्क कौन सा भाग है?

ए] प्रोसेसर

बी] एनालॉग

सी] इनपुट

डी] आउट पुट

133] दिए गए प्रतीक में से कौन PLC का इन पुट है?

ए] मोटर्स

बी] लैंप

• 135 •

सी] अलार्म

डी] सेंसर

134] घंटों/उपलब्ध घंटों में डाउन टाइम की परिभाषा क्या है?

ए] रखरखाव प्रभावशीलता

बी] टूटने की आवृत्ति

सी] रखरखाव योजना की प्रभावशीलता

डी] शून्य डाउन टाइम

135] उपकरण खराब होने के बाद किस प्रकार का रखरखाव किया जाता है?

ए] रखरखाव बंद करें

बी] ब्रेकडाउन रखरखाव

सी] निवारक रखरखाव

डी] सुधारात्मक रखरखाव

136] इलेक्ट्रिक मोटर की बेल्ट किस प्रकार के रखरखाव में टूट जाती है?

ए] सुधारात्मक

बी] अनुसूचित

सी] निवारक रखरखाव

डी] समय पर

137] हाइड्रोलिक पावर यूनिट में किस प्रकार के घटक का उपयोग किया जाता है?

ए] दबाव नापने का यंत्र

बी] भराव गेज

सी] वाल्व

डी] जलाशय

138] किस प्रकार का वाल्व जो कंप्रेसर के जलाशय में हवा देता है, लेकिन उसे बाहर नहीं निकलने देता है?

ए] चेक वाल्व

बी] रिसीवर वाल्व

सी] नियंत्रण वाल्व

डी] तीन तरह से वाल्व

139] किस प्रकार का वाल्व वायु प्रवाह को प्रतिबंधित करता है?

ए] शटल वाल्व

बी] दिशा नियंत्रण वाल्व

सी] एकल अभिनय सिलेंडर

डी] थ्रॉटल वाल्व

औद्योगिक प्रशिक्षण संस्थान

मासिक टेस्ट -7, अंक- 1, तिथि:- ______________
(प्रत्येक प्रश्न दो अंक का होता है)

140] हाइड्रोलिक सिस्टम में कौन सा भाग द्रव प्रवाह को यांत्रिक गति में परिवर्तित करता है?

ए] छलनी

बी] एक्चुएटर

सी] संचायक

डी] पंप

141] तेल को ठोस संदूषण से मुक्त रखने के लिए जिम्मेदार घटक का नाम क्या है?

ए] पंप

बी] संचायक

सी] छलनी और फिल्टर

डी] वाल्व

142] हाइड्रोलिक सिस्टम के हृदय का नाम क्या है?

ए] वाल्व

बी] पंप

सी] संचायक

डी] तेल टैंक

143] पिस्टन के दोनों ओर द्रव कार्य किस प्रकार के हाइड्रोलिक सिलेंडर का उपयोग किया जाता है?

ए] डुप्लेक्स सिलेंडर

बी] डबल अभिनय सिलेंडर

सी] एकल अभिनय सिलेंडर

डी] वायवीय सिलेंडर

144] हाथ इंजेक्शन मोल्डिंग मशीन का कौन सा हिस्सा कूलिंग के उद्देश्य से जुड़ा हुआ है?

एक बैरल

बी] हीलर

सी] हूपर थ्रोट

डी] नोजल

145] हाथ इंजेक्शन मोल्डिंग मशीन में किस प्रकार के कच्चे माल का उपयोग किया जाता है?

एक पनना

बी] तरल

सी] पाउडर

डी] कणिकाओं

146] हाथ इंजेक्शन मोल्डिंग में कौन सा विकल्प सही है?

ए] पिघल अधिक सजातीय है

बी] पिघल सजातीय नहीं है

सी] पिघलने की कतरन

डी] पिघल का अशांत प्रवाह

147] इंजेक्शन मोल्डिंग मशीन की क्षमता निर्धारित करने के लिए मानक के रूप में किस सामग्री का उपयोग किया जाता है?

ए] पॉली कार्बोनेट

बी] पॉली स्टाइरीन

सी] उच्च घनत्व पॉली एथिलीन

डी] पॉली एमाइड

148] इंजेक्शन मोल्डिंग चक्र में प्राथमिक कदम क्या है?

ए] इंजेक्शन

बी] इजेक्शन

सी] कूलिंग

डी] समापन

149] इंजेक्शन मोल्डिंग में द्रव के रिसाव को रोकने के लिए किस भाग का उपयोग किया जाता है?

ए] लिडो

बी] कैप

सी] ओ ′ ′ रिंग

डी] बेदखलदार पिन

औद्योगिक प्रशिक्षण संस्थान

मासिक टेस्ट -8, अंक- 1, तिथि:- _______________

(प्रत्येक प्रश्न दो अंक का होता है)

150] इंजेक्शन मोल्डिंग में सिंक के निशान दोष के लिए कौन सा उपाय है?

ए] अपर्याप्त दबाव

बी] दबाव पर पकड़ बढ़ाएं

सी] खराब भाग डिजाइन

डी] अत्यधिक

251] बड़ी वस्तुओं के निर्माण के लिए कौन सी प्रक्रिया अपनाई जाती है?

ए] निरंतर पारिजन झटका मोल्डिंग

बी] आंतरायिक पैरिसन झटका मोल्डिंग

सी] खिंचाव झटका मोल्डिंग

डी] एक्सटेंशन पैरिसन ब्लो मोल्डिंग

252] ब्लो मोल्डिंग मशीन में किस प्रकार की ग्रेड सामग्री का उपयोग किया जाता है?

ए] निकास ग्रेड

बी] इंजेक्शन ग्रेड

सी] झटका ग्रेड

डी] फिल्म ग्रेड

253] ब्लो मोल्डिंग प्रक्रिया में मोल्ड को बंद करने के लिए किस प्रकार की ऊर्जा का उपयोग किया जाता है?

ए] वायवीय ऊर्जा

बी] हाइड्रोलिक ऊर्जा

सी] संभावित ऊर्जा

डी] गतिज ऊर्जा

254] ब्लो मोल्डिंग प्रक्रिया में सॉफ्ट प्लास्टिक को फुलाने के लिए किस मीडिया का उपयोग किया जाता है?

ए] एयर

बी] पानी

सी] तेल

डी] नमक समाधान

255] इंजेक्शन मोल्डिंग के साथ तुलना करने पर नीचे मोल्डिंग में प्लास्टिक सामग्री पर लागू दबाव की मात्रा क्या है?

ए] समान

बी] से बड़ा

सी] से कम

डी] बराबर नहीं

256] ब्लो मोल्डिंग प्रक्रिया के लिए सामग्री के एमएफआई का बेहतर मूल्य क्या है?

ए] 5 से 10

बी] 0.5 से 5

सी] 10 से 15

डी] 15 से 30

257] छोटे कंटेनरों के उत्पादन के लिए किस प्रकार की मोल्ड प्रक्रिया का उपयोग किया जाता है?

ए] इंजेक्शन झटका मोल्डिंग

बी] खिंचाव झटका मोल्डिंग

सी] निरंतर झटका मोल्डिंग

डी] सिंगल स्टेज ब्लो मोल्डिंग

258] मिनरल वाटर की बोतल बनाने के लिए किस प्रकार की पाली सामग्री का उपयोग किया जाता है?

ए] पीबीटी

बी] पीईटी

सी] पीएमएमए

डी] नायलॉन

259] शीतल पेय की बोतलों के निर्माण के लिए किस प्रकार की प्रक्रिया का उपयोग किया जाता है?

ए] एक्सट्रूज़न झटका मोल्डिंग

बी] इंजेक्शन झटका मोल्डिंग

सी] खिंचाव झटका मोल्डिंग

डी] निरंतर झटका मोल्डिंग

औद्योगिक प्रशिक्षण संस्थान

मासिक टेस्ट-9, अंक- 1, तिथि:- ___________

(प्रत्येक प्रश्न दो अंक का होता है)

260] प्रीफॉर्म के साथ किस प्रकार की मोल्डिंग प्रक्रिया का उपयोग किया जाता है?

ए] इंजेक्शन झटका मोल्डिंग

बी] खिंचाव झटका मोल्डिंग

सी] एक्सट्रूज़न झटका मोल्डिंग

डी] निरंतर झटका मोल्डिंग

261] किस प्रकार की मोल्डिंग प्रक्रिया का उपयोग गर्दन के गठन वाले उत्पाद के साथ किया जाता है?

ए] इंजेक्शन मोल्डिंग प्रक्रिया

बी] संपीड़न मोल्डिंग प्रक्रिया

सी] झटका मोल्डिंग प्रक्रिया

डी] एक्सट्रूज़न मोल्डिंग प्रक्रिया

262] ब्लो मोल्डिंग प्रक्रिया द्वारा किस प्रकार का उत्पाद तैयार किया जाता है?

ए] ठोस पिन

बी] बुश

सी] बोतल

डी] पाइप

263] डाई-हेड से ब्लो मोल्डेड आर्टिकल को काटने वाला मीडिया कौन सा है?

ए] एयर

उबलना

सी] पानी

डी] समाधान

264] ब्लो पैरिसन इन हैंड ब्लो मोल्डिंग मशीन में किस मीडिया का उपयोग किया जाता है?

पानी

बी] एयर

सी] गैस

डी] तेल

265] ब्लो मोल्डिंग मशीन में स्क्रू स्पीड की इकाई क्या है?

ए] आरपीएस

बी] आरपीएम (प्रति मिनट क्रांति)

सी] आरपीएच

डी] आरपीकेएम

266] खोखले उत्पाद बनाने के लिए कौन सी मोल्डिंग प्रक्रिया का उपयोग किया जाता है?

ए] झटका मोल्डिंग

बी] एक्सट्रूज़न मोल्डिंग

सी] संपीड़न मोल्डिंग

डी] इंजेक्शन मोल्डिंग

267] ब्लो मोल्डिंग प्रक्रिया में किस प्रकार के प्लास्टिक का उपयोग किया जाता है?

ए] थिरेफ्थेलेट

बी] फिनोल फॉर्मेल्डहाइड

सी] पॉली ईथीलीन

डी] यूरिया फॉर्मलाडेहाइड

268] उस रेखा का नाम क्या है जो दो मोल्ड हाफ के बीच स्थित है?

ए] बिदाई लाइन

बी] केंद्र रेखा

सी] मिलान रेखा

डी] लंबवत रेखा

269] पैरिसन को आकार देने के लिए किस भाग का उपयोग किया जाता है?

पासा

बी] मोल्ड

सी] पंच

डी] कप

औद्योगिक प्रशिक्षण संस्थान

मासिक टेस्ट -10, अंक- 1, तिथि:- ________________

(प्रत्येक प्रश्न दो अंक का होता है)

270] ब्लो मोल्ड बनाने के लिए किस सामग्री का उपयोग किया जाता है?

ए] माइल्ड स्टील

बी] एल्यूमिनियम

सी] स्टेनलेस स्टेल

डी] उच्च कार्बन स्टेल

271] मोल्डिंग प्रक्रिया का कौन सा भाग प्लास्टिक के पिघलने को पैरिसन में परिवर्तित करता है?

ए] हूपर

बी] विधानसभा मरो

सी] झटका पिन

डी] नोजल

272] उत्पाद की सतह पर पार्टिंग लाइन बनने का क्या कारण है?

ए] कम मोल्ड बंद दबाव

बी] उच्च मोल्ड बंद दबाव

सी] उच्च पेंच गति

D] डाई सेंटरिंग सही नहीं है

273] खोखले प्लास्टिक के पुर्जों के निर्माण की प्रक्रिया कौन सी है?

ए] एक्सड्रूज़न मोल्डिंग

बी] इंजेक्शन मोल्डिंग

सी] झटका मोल्डिंग

डी] संपीड़न मोल्डिंग

274] एक सतत ब्लो मोल्डिंग प्रक्रिया कौन सी है?

ए] इंजेक्शन झटका मोल्डिंग

बी] खिंचाव झटका मोल्डिंग

सी] एक्सड्रूज़न झटका मोल्डिंग

डी] झटका मोल्डिंग खड़े हो जाओ

275] किस प्रक्रिया के लिए ट्रिमिंग की आवश्यकता होती है?

ए] खिंचाव झटका मोल्डिंग

बी] इंजेक्शन मोल्डिंग

सी] एक्सट्रूज़न झटका मोल्डिंग

डी] फिल्म एक्सट्रूज़न

276] ब्लो मोल्डिंग मशीन का निर्माण कैसे किया जाता है?

ए] केवल एक्सट्रैडर

बी] केवल उड़ाने वाली इकाई

सी] उड़ाने वाली इकाई के साथ एक्सट्रैडर

डी] पानी के स्नान के साथ एक्सट्राडर

277] ब्लो मोल्डिंग में किस राल का उपयोग किया जाता है?

ए] पीवीसी

बी] पॉलिमर

सी] थर्मोसेट

डी] थर्मोप्लास्टिक्स

278] मोल्ड में क्या उड़ाया जाता है, ब्लो मोल्डिंग में पैरिसन को जकड़ा जाता है?

ए] एयर

बी] तरल

सी] ठोस

डी] वाष्प

279] हैंड ब्लो मोल्डिंग में बोतल का आकार प्राप्त करने के लिए किसका उपयोग किया जाता है?

ए] तेल

बी] पानी

सी] मजबूर वायु

डी] पेरिसन

औद्योगिक प्रशिक्षण संस्थान

मासिक टेस्ट-11, अंक-1, दिनांक:- ___________

(प्रत्येक प्रश्न दो अंक का होता है)

280] हैंड ब्लो मोल्डिंग में स्टेबलाइजर द्वारा क्या नियंत्रित किया जाता है?

ए] वोल्टेज

बी] वर्तमान

सी] आयाम

डी] पावर

281] हैंड ब्लो मोल्डिंग में किस प्रकार की प्लास्टिक सामग्री का उपयोग किया जाता है?

ए] फिनोल फॉर्मल्डेहाइड

बी] पॉलीथीन

सी] एपॉक्सी

डी] पॉलिएस्टर राल

282] हैंड ब्लो मोल्डिंग प्रक्रिया के लिए मोल्ड बनाने के लिए एल्यूमीनियम का चयन क्यों किया जाता है?

ए] यह अच्छा गर्मी कंडक्टर है

बी] सबसे भारी सामग्री

सी] मशीन के लिए कठिन

डी] संभालना मुश्किल है

283] किस ब्लो मोल्डिंग मशीन को कम निवेश की आवश्यकता है?

ए] हाथ झटका मोल्डिंग

बी] इंजेक्शन झटका मोल्डिंग

सी] एक्सट्रूज़न झटका मोल्डिंग

डी] झटका मोल्डिंग खड़े हो जाओ

284] संकीर्ण गर्दन वाले खोखले कंटेनर का उत्पादन करने के लिए कौन सी प्रक्रिया उपयुक्त है?

ए] स्थानांतरण मोल्डिंग

बी] झटका मोल्डिंग

सी] इंजेक्शन मोल्डिंग

डी] संपीड़न मोल्डिंग

285] हैंड ब्लो मोल्डिंग मशीन में मोल्ड बनाने के लिए कौन सी सामग्री उपयुक्त है?

ए] स्टील

बी] ग्रे कास्ट आयरन

सी] एल्यूमिनियम

डी] सफेद कच्चा लोहा

286] ब्लो मोल्डिंग विधि में स्क्रू को कौन घुमा रहा है?

ए] मोटर

बी] प्लंजर

सी] हाइड्रोलिक सिलेंडर

डी] वायवीय प्रणाली

287] ब्लो मोल्डिंग मशीन में किस भाग ने सामग्री को एक्सट्रूडेन में डाला?

एक पेंच

बी] हूपर

सी] सिलेंडर

डी] नोजल

288] जो पेरिस को उड़ा देता है?

ए] कम झटका दबाव

बी] उच्च झटका दबाव

सी] उच्च मात्रा

डी] कम बल

289] ब्लो मोल्डिंग मशीन के किस भाग में रेजिन गर्म होता है और मिश्रण होता है?

एक बैरल

बी] मांडवेली

सी] हूपर

डी] मोल्ड

औद्योगिक प्रशिक्षण संस्थान

मासिक टेस्ट -12, अंक- 1, तिथि:- ________________

(प्रत्येक प्रश्न दो अंक का होता है)

290] ऑटो ब्लो मोल्डिंग मशीन में स्ट्रिपर्स का क्या कार्य है?

ए] एयर इजेक्शन

बी] वायु परिसंचरण

बेईमानी करना

डी] कूलिंग

291] जो ब्लो मोल्डिंग में सामग्री की पिघली हुई चिपचिपाहट को बनाए रखता है?

तापमान

बी] एकाग्रता

सी] दबाव

डी] कूलिंग

292] कौन सा भाग पिघले हुए प्लास्टिक को ट्यूबलर आकार में परिवर्तित करता है?

ए] हूपर

बी] बैरल

सी] मरो

डी] मोल्ड

293] वायवीय उपकरण कौन-सी शक्तियाँ प्रदान करते हैं?

ए] एयर

उबलना

सी] पानी

डी] पेट्रोल

294] ब्लो मोल्डिंग मशीन में ब्लोइंग के लिए कौन सा उपकरण उच्च दबाव वाली हवा की आपूर्ति करता है?

ए] पंप

बी] ब्लोअर

सी] कंप्रेसर

डी] डिफ्यूज़र

295] ब्लो मोल्डिंग चक्र में दानेदार मोल्डिंग सामग्री कहाँ लोड होती है?

एक बैरल

बी] हूपर

C] डाई यूनिट

डी] मोल्ड

296] ऑटो ब्लो मोल्डिंग साइकिल में स्क्रू के मीटरिंग जोन का दूसरा नाम क्या है?

ए] फ़ीड क्षेत्र

बी] मिश्रण क्षेत्र

सी] संक्रमण क्षेत्र

डी] ताप क्षेत्र

297] ब्लो मोल्ड में कितने भाग होते हैं?

ए] एक पुरुष आधा

बी] दो मादा आधा

सी] एक नर और मादा आधा

डी] दो पुरुष आधा

125] आर और सी वाले एसी श्रृंखला सर्किट में संधारित्र के माध्यम से बहने वाली धारा होगी...

ए] वोल्टेज को कम करना

बी] वोल्टेज अग्रणी

सी] वोल्टेज के साथ चरण में

डी] उपरोक्त में से कोई नहीं

126] यदि आरसी श्रृंखला सर्किट में आपूर्ति की आवृत्ति बढ़ा दी जाती है तो कैपेसिटिव रिएक्शन होगा

ए] कम

बी] वृद्धि हुई

सी] कोई प्रभाव नहीं होना

डी] उपरोक्त में से कोई नहीं